レンズが撮らえた

# 幕末維新の日本



山川出版社

# 目次

## レンズが撮らえた　幕末維新の日本

江戸城本丸中之門（東京国立博物館蔵）

カラー特集

# 手彩色写真で甦った幕末維新

写真が日本に導入されたのは嘉永元年（1848）頃である。その後、多くの先人たちの努力で慶応元～明治元年（1865 ～ 1868）頃になると、より現代の写真に近い写真が登場した。モノクロ写真の技術しかないこの時代に、よりリアル感を求め、日本画・水彩画等の絵具で美麗な着色がなされた「手彩色写真」が登場したのである。それらは、人物にとどまらず、名所風景、社寺、風俗等の写真におよび、わたしたちに当時の原風景を甦らせてくれる。ここでは手彩色（着色）写真を中心に見る。

**ベアトの写真館で働いていた絵付け師たち**（日本カメラ博物館蔵）
撮影者：フェリーチェ・ベアト　撮影地：横浜　撮影年：文久３年～明治２年（1863 ～ 1869）
鶏卵紙。手彩色。写真に手作業で彩色することが当時は一般的に行われていた。

**甲冑姿の三人**（早稲田大学図書館蔵）
撮影者：フェリーチェ・ベアト　撮影地：横浜　撮影年：不詳
スタジオで撮影された写真。

**有馬屋敷**
（港区立港郷土資料館蔵）
撮影者：日下部金兵衛か
撮影地：東京・千代田区
撮影年：明治６年（1873）頃
有馬遠江守屋敷（現共立女子大学地・千代田区一ツ橋）。

**生麦事件の現場**（国際日本文化研究センター蔵）
撮影者：フェリーチェ・ベアト
撮影地：神奈川県横浜市鶴見区　撮影年：不詳

**役人の礼装**
（日本大学芸術学部蔵）
撮影者：フェリーチェ・ベアト　撮影地：横浜
撮影年：不詳
役人の礼装とは、家紋を４ヵ所に入れた肩衣と同じ生地で作った袴（裃）を小袖の上から着用し、２本の刀を差した姿。

**甲冑姿**（国際日本文化研究センター蔵）
撮影者：不詳　撮影地：不詳　撮影年：不詳
当世具足を身につけ３種類の兜を被り、弓・采配・槍を手に持った甲冑姿を写している。

**大名屋敷の門**（国際日本文化研究センター蔵）
撮影者：不詳　撮影地：東京　撮影年：不詳
冠木門は表門焼失後に築造した門構えと思われる。

**台徳院（徳川秀忠）宝塔**（港区立港郷土資料館蔵）

撮影者：不詳　撮影地：東京・芝（増上寺）　撮影年：明治中期

江戸幕府第2代将軍徳川秀忠の霊廟に立てられた宝塔は、八角形・宝形造の覆屋の中央に、安置されていたが、木製であったため戦災で焼失した。

## 増上寺

**増上寺　三解脱門**（港区立港郷土資料館蔵）

撮影者：不詳

撮影地：増上寺

撮影年：明治中期

元和8年（1622）に再建された建物で、現在、国指定重要文化財に指定されている。

**台徳院（徳川秀忠）霊廟　霊牌所勅額門**

（港区立港郷土資料館蔵）

撮影者：不詳　撮影地：増上寺　撮影年：明治中期

霊廟の門上に掲げられていた「台徳院」の額は後水尾天皇宸筆の勅額であった。門前に写る男性たちは、まだ髷を結っている。

**有章院霊廟の霊牌所勅額門**

（港区立港郷土資料館蔵）

撮影者：日下部金兵衛

撮影地：増上寺

撮影年：明治中期

江戸幕府第７代将軍徳川家継の霊廟の門上に掲げられている「有章院」の額は霊元法皇宸筆の勅額である。

**有章院霊廟　霊牌所勅額門内鐘楼**

（港区立港郷土資料館蔵）

撮影者：不詳

撮影地：増上寺

撮影年：明治中期

江戸幕府第８代将軍徳川吉宗が建立した霊廟。右が勅額門、左奥が鐘楼。

**第一国立銀行**（長崎大学附属図書館蔵）
撮影者：不詳　撮影地：東京・兜町　撮影年：明治期
明治５年(1872)に竣工した建物で明治初期の擬洋風建築の代表作。設計は二代目の清水喜助。海運橋に隣接する建築物。

**凌雲閣遠望**（国際日本文化研究センター蔵）
撮影者：不詳　撮影地：東京・浅草
撮影年：明治期
日本初の電動式エレベーターを備えた12階建ての塔で、大正12年（１９２３）の関東大震災で崩壊した。

**第一国立銀行と海運橋**（個人蔵）
撮影者：不詳
撮影地：東京・兜町
撮影年：明治期
手前の橋が海運橋。

**凌雲閣**
（港区立港郷土資料館蔵）
撮影者：不詳
撮影地：東京・浅草
撮影年：明治 23 年（1890）頃
凌雲閣は別名「浅草十二階」の名で親しまれた。８階までエレベーターが設置されていたが、故障が多いため翌年に廃止された。

**帝国ホテル**（港区立港郷土資料館蔵）
撮影者：不詳　撮影地：東京・千代田区
撮影年：明治28年（1895）頃
明治23年（1890）、渡辺譲の設計で、3階建てのホテルとして開業。手前の男性の座っている石垣は江戸城外堀山下門跡。

**鹿鳴館**（横浜開港資料館蔵）
撮影者：不詳　撮影地：東京・千代田区
撮影年：明治中期
明治 16 年（1883）に完成した鹿鳴館は、外務卿（外務大臣）井上馨の推進で、欧米風の社交施設を建設して外国使節を接待する目的で建てられた。

**不忍池弁天堂**（国際日本文化研究センター蔵）
撮影者：日下部金兵衛　撮影地：東京・台東区
撮影年：明治 19 年（1886）以前
弁天堂は寛永年間（1624 ～ 1644）に天海僧正により不忍池を琵琶湖に、島を竹生島に模して建立された。慶応 4 年（1868）の上野戦争の戦火で焼失したが、昭和 33 年（1958）再建された。

**上野公園　花見**（港区立港郷土資料館蔵）
撮影者：不詳　撮影地：東京・台東区　撮影年：明治33年（１９００）
明治６年（１８７３）上野山が公園に指定され、家族連れと思われる多くの花見客で賑わっている。現在見られる桜よりもずいぶん細い幹である。

**杉並木**（国際日本文化研究センター蔵）
撮影者：日下部金兵衛　撮影地：栃木県　撮影年：明治期
日光に入る手前の今市付近の杉並木。杉並木は徳川家康の三十三回忌にあたって松平正綱が寄進したといわれ、24年の歳月をかけて日光杉並木の様相を整えた。

**日光街道鉢石宿**（国際日本文化研究センター蔵）
撮影者：不詳　撮影地：栃木県　撮影年：明治期
日光街道の終点・21番目の宿駅（宿場町）。幕末には、鉢石宿には本陣が2軒、旅籠が19軒あり、人口は約１０００人であった。

**日光東照宮陽明門**（国際日本文化研究センター蔵）

撮影者：不詳
撮影地：栃木県
撮影年：明治期
写真は陽明門の裏側から撮影したもの。

**日光東照宮陽明門**
（国際日本文化研究センター蔵）

撮影者：不詳
撮影地：栃木県
撮影年：明治期
陽明門の表側から撮影している。

**伊香保温泉**（国際日本文化研究センター蔵）

撮影者：不詳　撮影地：群馬県　撮影年：明治期
伊香保温泉の両側に並ぶ温泉旅館街を石段の下から撮影している。写真上部の森に伊香保神社があり、その裏手に温泉の源泉がある。

**塔ノ沢**（国際日本文化研究センター蔵）
撮影者：不詳　撮影地：神奈川県箱根　撮影年：明治 30 年（1897）以前
早川沿いの右側が塔ノ沢温泉の家並み、左側が湯坂山。

**白糸の滝**（早稲田大学図書館蔵）
撮影者：不詳　撮影地：静岡県富士宮市　撮影年：明治期
富士講を中心とした巡礼・修行の場となったことでも知られる。

## 箱根芦之湯（個人蔵）

撮影者：不詳　撮影地：神奈川県箱根　撮影年：明治期

左手前は亀屋、その奥に紀伊国屋旅館、道を挟んで右に松坂屋旅館。正面の奥の階段は熊野神社に通じる。熊野神社の境内にある東光庵は、江戸時代には江戸の文人・墨客などが集うサロンとして賑わった。

## 水車小屋（国際日本文化研究センター蔵）

撮影者：不詳
撮影地：不詳
撮影年：明治期

水車は農村などで穀物を搗き、皮を剥いたり粉にするなどの目的で、近年までは全国各地で利用されていた。

## 軽井沢（横浜開港資料館蔵）

撮影者：不詳　撮影地：長野県
撮影年：明治10年（1877）頃

軽井沢は沓掛・追分とともに「浅間三宿」といわれた。中山道の開通後の元禄期には大いに繁栄し、宿には本陣・脇本陣が5軒、旅籠が100軒近くあった。しかし天明3年（1783）の浅間山噴火で大被害を受け、宿場町は衰退してしまった。写真は軽井沢から浅間山の噴煙を撮らえたものである。

神明之徳
高大満於
四方偏家
恩光其業
以昌子孫
永久乃基
寿為拝謝
鴻恩之萬
一製此謹
奉納之
E20 GIONMACHI KIOT

**祇園四条通り**（長崎大学附属図書館蔵）
撮影者：アドルフォ・ファルサーリ　撮影地：京都市　撮影年：明治期
右方の狛犬は明治 15 年（1882）に奉献された。現存する。

**三十三間堂**（個人蔵）
撮影者：不詳　撮影地：京都市　撮影年：明治期
前後 10 列の階段状に並ぶ千体千手観音立像は三十三間堂ならではの特徴である。

**三井寺から琵琶湖を望む**（国際日本文化研究センター蔵）
撮影者：不詳　撮影地：滋賀県大津市　撮影年：明治期
正式名称を長等山園城寺といい、天台寺門宗の総本山。

**三条大橋**（国際日本文化研究センター蔵）
撮影者：不詳　撮影地：京都市　撮影年：明治期
明治14年（１８８１）改修の三条大橋。

**知恩院**（国際日本文化研究センター蔵）
撮影者：不詳
撮影地：京都市
撮影年：明治期
知恩院山門は元和7年（１６２１）に徳川秀忠によって建立された日本最大の楼門である。寛永10年（１６３３）の大火を免れ、国宝に指定されている。

**清水寺**（国際日本文化研究センター蔵）
撮影者：不詳
撮影地：京都市
撮影年：明治期
清水寺西門と三重塔を仁王門東側から見る。三重塔は寛永10年（１６３３）頃の創建。

**金閣寺**（放送大学附属図書館蔵）

撮影者：不詳　撮影地：京都市　撮影年：明治中期

応永4年（1397）建造の金閣寺は、足利義満の別荘北山殿が遺命により鹿苑寺と命名された。のち金箔を貼った雅な建物のため金閣寺と呼ばれるようになった。写真の建物は昭和25年（1950）に焼失したが5年後の昭和30年に復元された。

**銀閣寺**（個人蔵）
撮影者：不詳　撮影地：京都市　撮影年：明治期
延徳２年（1490）創建の観音殿（銀閣）は､木造２階建て楼閣建築で､屋根は宝形造、柿葺きで、屋頂に銅製の鳳凰を置いている。足利義政が隠棲した東山殿を、義政の没後に寺とし、慈照寺と名付けられた。その寺院全体が銀閣寺と呼ばれる。

**厳島神社**（長崎大学附属図書館蔵）
撮影者：不詳　撮影地：広島県廿日市市　撮影年：不詳
厳島神社は、平安時代に平清盛により海上に立つ大規模な社殿が整備された。建物の6棟が国宝に、14棟が重要文化財に指定され、国宝・重要文化財の工芸品を多数納めている。

**名古屋城本丸**（長崎大学附属図書館蔵）
撮影者：不詳　撮影地：名古屋市　撮影年：不詳
天守は５重５階、地下１階の層塔型天守。高さは江戸城天守や大坂城天守に及ばないが、延床面積においては史上最上級の天守である。小天守手前の上台所の建物がわかる貴重な写真である。

**現在の名古屋城・表二之門**
右の写真の現在。南二之門（表二之門）だけが残り、重要文化財に指定されている。

**名古屋城本丸南面**（国際日本文化研究センター蔵）
撮影者：不詳　撮影地：名古屋市　撮影年：明治期
手前が本丸南二之門（表二之門）、右の櫓門は南一之門（表一之門）、その左方に多門櫓が続く。

**江戸城本丸中之門**（東京国立博物館蔵）
撮影者：横山松三郎
撮影地：東京都千代田区
撮影年：明治４年（1871）頃
本丸入口にあった櫓門（二之門）。江戸城開城後の門の警備をする討幕軍の人は洋装に腕章、座っている人は和装に洋傘、変動の時代を写した貴重な写真である。

**現在の江戸城本丸中之門**
上の写真の現在。建物は関東大震災で大破した。残る石垣には巨石が使われており、この石は、瀬戸内海沿岸から運ばれた白い花崗岩である。

**大坂城・乾櫓**
（個人蔵）
撮影者：不詳　撮影地：大阪市
撮影年：不詳
乾櫓は西の丸の西北角に立つ２層の角櫓で、元和６年 (1620) に建造された。

**横浜駅遠望**（国際日本文化研究センター蔵）
撮影者：不詳　撮影地：神奈川県横浜市
撮影年：明治期
写真中央の茶色の小屋は公衆トイレ。その先が横浜駅。

**横浜駅遠望**（国際日本文化研究センター蔵）
撮影者：不詳　撮影地：神奈川県横浜市
撮影年：明治期
左手前の橋が大江橋。

**開業直後の横浜駅**（長崎大学附属図書館蔵）
撮影者：下岡蓮杖か　撮影地：神奈川県横浜市
撮影年：明治期
噴水が見当たらないので右の写真より以前に撮影されたとわかる。

**横浜駅**（放送大学附属図書館蔵）
撮影者：不詳　撮影地：神奈川県横浜市
撮影年：明治 20 年（1887）代
元治元年（1864）にアメリカより来日したプリジェンスの設計により、明治 4 年（1871）に完成した木骨煉瓦造りの駅舎。

**機関車**（鉄道博物館蔵）
撮影者：不詳　撮影地：不詳
撮影年：明治期
明治5年（1872）の新橋―横浜間鉄道開業に際してイギリスから輸入した10両のうちの1両。当時蒸気機関車は陸蒸気とも呼ばれていた。

**煙草盆と女性**（日本大学芸術学部蔵）
撮影者：フェリーチェ・ベアト
撮影地：横浜
撮影年：幕末・明治初期
煙草を吸うのか煙草盆を煙管（きせる）で引き寄せている。煙草盆には火入れ、灰落し、煙草入れ、きせる、灰吹など喫煙道具一式が入っている。

**役人の奥方**（日本大学芸術学部蔵）
撮影者：フェリーチェ・ベアト　撮影地：横浜
撮影年：幕末・明治初期
きっちりと結った髪に２本のかんざしを挿し、着物の裾を手に持って外出するように見える。

**魚売り**（日本大学芸術学部蔵）
撮影者：フェリーチェ・ベアト　撮影地：不詳
撮影年：幕末・明治初期
魚売りは天秤棒で魚を担ぎ行商した。

**護衛の士官**（横浜開港資料館蔵）
撮影者：フェリーチェ・ベアト　撮影地：不詳
撮影年：慶応３年（1867）
富士登山にのぞむオランダ総領事ポルスブルック一行を警護するため同行した武士たち。

**日除船**（日本大学芸術学部蔵）
撮影者：フェリーチェ・ベアト　撮影地：不詳　撮影年：幕末・明治初期
屋形船と間違えられるが、一般に特別豪華で大型のものを屋形船と称し、小船に屋根を設けたものは日除船、または屋根船と呼び、区別されていた。

**北の新地**（長崎大学附属図書館蔵）
撮影者：不詳　撮影地：大阪市　撮影年：不詳
中央の川は曾根崎川（蜆川）。川の右側が曾根崎新地の茶屋の奥座敷、左側が堂島である。

**大阪四天王寺伽藍**（長崎大学附属図書館蔵）
撮影者：春日部金兵衛　撮影地：大阪市　撮影年：不詳
四天王寺は聖徳太子建立七大寺のひとつとされている。『日本書紀』によれば推古天皇元年（593）に建立されたという。

第1章

# 幕末維新の暮らしと職人

## 日常生活と職業づくし

幕末という時代に生きた人々の容姿や風俗、職業、あらゆるものが写真で記録された。

食事支度

**食事支度**（個人蔵）
撮影者：不詳　撮影地：不詳　撮影年：不詳
まな板での葱切り、竈（かまど）でのお釜の飯炊きと火吹き竹での火起こし、すり鉢とすりこぎでの作業。当時の台所仕事を紹介するため、台所道具を集めて上手に配置している。

**車井戸**（個人蔵）
撮影者：不詳　撮影地：不詳　撮影年：不詳
着物に襷掛けの３人の女性が、つるべで井戸から水を汲み上げている。水汲みの仕事は水道のない時代の女性の重労働であった。

## 水汲み

**食事風景**（長崎大学附属図書館蔵）
撮影者：フェリーチェ・ベアト　撮影地：不詳　撮影年：文久年代（1861 ～ 1864）
丁髷を結った男性が一人用の膳で食事をし、女性が給仕をしている。一人用の箱膳は当時外国人には珍しがられたというが、日本の田舎ではテーブルが流行するまで、終戦後も使用されていた。

## 食　事

**掃除**（個人蔵）
撮影者：不詳　撮影地：不詳　撮影年：不詳
室内掃き箒とはたきを持った若い２人の女性。手ぬぐいを被り襷掛けの掃除の身支度を写している。

## 掃　除

**裁縫**（個人蔵）
撮影者：不詳　撮影地：不詳　撮影年：明治期
着物を縫う様子。家族の着物を仕立てるのは女性のたしなみのひとつであった。

## 裁　縫

**化粧**（個人蔵）
撮影者：不詳　撮影地：不詳　撮影年：不詳
日本髪の女性が鏡台の前で着物の右上半身をはだけて、首回りに白粉（おしろい）を塗っているのだろうか。小道具を並べて演出している。

## 化　粧

**手紙を書く女**（個人蔵）
撮影者：日下部金兵衛　撮影地：不詳　撮影年：明治期
巻紙に筆で手紙を書いている女性の姿。

## 手　紙

**商人**（日本大学芸術学部蔵）
撮影者：フェリーチェ・ベアト　撮影地：横浜
撮影年：万延元年（1860）～明治３年（1870）頃
眼鏡をかけ算盤を手に持つショウジロウという名の商人。この商人の算盤の腕にベアトは驚かされている。

## 職　業

**声色使い**（東京都写真美術館蔵）
撮影者：下岡蓮杖　撮影地：不詳
撮影年：文久３年（1863）～明治９年（1876）頃
声色使いは歌舞伎役者の声音や口調を真似ることからはじまった。芝居の木戸の呼び込みを人気役者の声を真似て行ったりしていたが、幕末から明治にかけては、２人で銅鑼や拍子木を持って流して歩くようになった。

**籠売り**（国際日本文化研究センター蔵）
撮影者：不詳　撮影地：不詳　撮影年：明治期
籠売りは籠だけではなく竹製の日用雑貨品全般を大八車に積み売り歩いた。写真は箒・はたき・籠・ざるなどを大量に載せている。

**駕籠屋**（国際日本文化研究センター蔵）
撮影者：不詳　撮影地：不詳　撮影年：不詳
これは山道などで用いる山駕籠で、担ぎ棒に竹で底を編んだものを渡し、座る部分に座布団などを敷いて衝撃を和らげて用いた。駕籠かきは頭に手拭を巻き、半纏を着て手に杖を持っている。

**八百勘ノ飴売**（国立国会図書館蔵）
撮影者：江木松四郎　撮影地：東京　撮影年：明治20年（1887）代頃
古くは、古い金と飴を交換したらしいが、この頃の飴売りは、奇妙な扮装をしてこのように三味線を弾いたり、鉦をたたいたり、歌を歌って飴を売っていた。子供たちには大人気だった。

**猿回し**（東京都写真美術館蔵）
撮影者：下岡蓮杖　撮影地：不詳
撮影年：文久３年（1863）～明治８年（1875）頃
猿回しは口上に合わせて猿に踊りや寸劇などをさせ、見物人に見せる大道芸をして、諸国を旅した。

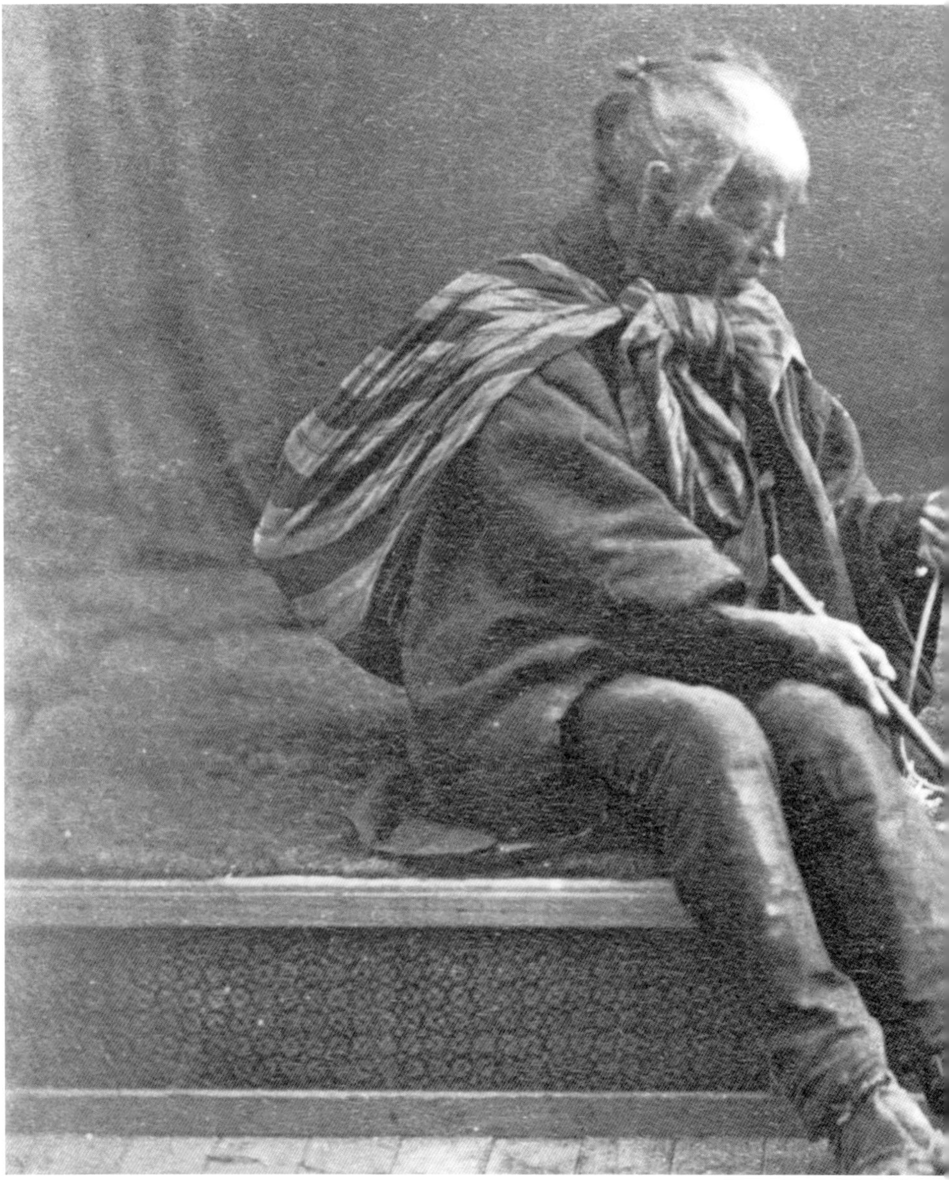

**火消し**（横浜開港資料館蔵）
撮影者：フェリーチェ・ベアト　撮影地：不詳　撮影年：不詳
江戸時代は武士と町人の火消しに分かれていた。消火活動で纏は各町内の目印として扱われた。「商」と入った纏は外国商館組、横浜外国人消防隊日本部隊。右の箱は竜吐水（りゅうどすい）と呼ばれ水を貯めて放水する道具である。

**岡引と罪人**（東京都写真美術館蔵）
撮影者：下岡蓮杖　撮影地：不詳
撮影年：文久３年（1863）～明治８年（1875）頃
江戸時代、岡引（おかっぴき）は奉行所の正規の構成員ではない。南町・北町奉行所の同心が捜査のために私的に雇い、同心の補助の仕事をさせていた。その人数は岡引が約 500 人、下引約 2500 人、合わせて 3000 人ぐらいいたといわれる。

**傘張り**

（放送大学附属図書館蔵）

撮影者：不詳（中島待乳か）

撮影地：不詳

撮影年：明治20年（1887）頃

和傘作りは割った竹を骨にして、糊で和紙を張りつけ、防水効果を持たせるため植物性油の亜麻仁油などを塗布する日本の伝統工芸である。

**臼引き**（個人蔵）

撮影者：不詳　撮影地：不詳　撮影年：不詳

左の２人の女性は穀物を石臼で製粉している。立っている少女は製粉した粉を篩にかけている。右の男性は石臼を修理しているのであろうか。

**酒匂川の蓮台渡し**（東京都写真美術館蔵）

撮影者：フェリーチェ・ベアト　撮影地：静岡県　撮影年：明治初期

駿河では、大井川・安倍川・瀬戸川・興津川で川越しが行われた。歩行渡しは明治3年（１８７０）まで続けられたので、それ以前の撮影。蓮台の武士は丁髷(ちょんまげ)に洋装の軍服姿のものもいる。

**大道芸人**（横浜開港資料館蔵）
撮影者：フェリーチェ・ベアト　撮影地：不詳　撮影年：不詳
大道芸人は路上で見世物・手品・漫才などの芸をして、投げ銭を貰って生計をたてていた。

**相撲巡業**（長崎大学附属図書館蔵）
撮影者：アドルフォ・ファルサーリ　撮影地：不詳　撮影年：不詳
ファルサーリアルバム所収。ベアトや下岡蓮杖が撮影した初期の力士の写真では、写真館で力士にポーズをとらせて撮影していたが、ファルサーリの写真では屋外の土俵で、実際の取組の様子が観客もあわせて撮影されている。

**バルトンと相撲取り**
（国際交流基金蔵）
撮影者：W・K・バルトン
撮影地：東京
撮影年：明治28年（1895）
長身の関取とバルトン。バルトン自身は小柄であったが、長身の関取と組み合わせることで、相撲レスラーの巨大さを表現したかったのかもしれない。

**井上馨**（右上）（港区立港郷土資料館蔵）
撮影者：内田九一　撮影地：横浜
撮影年：明治期
長州藩士。英国密航留学後、薩長同盟に奔走。維新後、外務大臣、鹿鳴館外交を展開した。

**伊藤博文**（左上）（港区立港郷土資料館蔵）
撮影者：内田九一　撮影地：横浜
撮影年：明治期
長州藩士。英国密航留学後、木戸孝允とともに倒幕運動に奔走。新政府では日本最初の首相となる。

**山岡鉄舟**（右下）（福井市立郷土歴史博物館蔵）
撮影者：不詳　撮影地：不詳
撮影年：明治期
幕臣。戊辰戦争では西郷隆盛と勝海舟の橋渡しを行い、江戸城無血開城を成功させた。

**後藤象二郎**（港区立港郷土資料館蔵）
撮影者：上野彦馬　撮影地：長崎
撮影年：明治期
土佐藩士。坂本龍馬の「公議政体論」に動かされ、山内容堂に大政奉還を勧め、実現させた。

## 名刺判写真（1）

幕末期の日本人が求めた写真の多くは肖像写真であった。その多くは6.5 × 10.5 ミリメートルを前後したサイズの名刺判写真であった。多くの著名人が写真場を訪れている。

**花房義質**（右上）（国立国会図書館蔵）
撮影者：不詳　撮影地：不詳
撮影年：明治７年（1874）
岡山藩士。適塾に学び、欧米に遊学。新政府では榎本武揚公使を助け、樺太千島交換条約を締結。

**渡辺洪基**（左上）（国立国会図書館蔵）
撮影者：不詳　撮影地：ウィーン
撮影年：明治８年（1875）
福井藩士。戊辰戦争では幕府側で参戦。維新後、岩倉使節団に随行。東京帝国大学初代総長となる。

**中井　弘**（右下）（国立国会図書館蔵）
撮影者：不詳　撮影地：ロンドン
撮影年：明治６年（1873）
薩摩藩士。英国公使パークス襲撃事件で公使を護り、ビクトリア女王から宝刀を贈られた。

**土方歳三**（函館市中央図書館蔵）
撮影者：田本研造　撮影地：北海道　撮影年：明治2年（1869）
新選組副長。幕府崩壊とともに新選組は解散。箱館では陸軍奉行並に就任し、奮戦するが戦死した。

## 名刺判写真（2）

**芸者**（個人蔵）
撮影者：不詳　撮影地：不詳　撮影年：明治期
写真館などでアイドルのブロマイドのように売られていた名刺判写真。

## 芸者のブロマイド（1）

明治に入ると写真は急速に庶民にも浸透し始める。しかし、まだ高価な写真は庶民にとって「撮る」ものよりも「買う」ものであった。とくに売れたのは、容姿を売りとした芸者たちのブロマイド写真であった。

**芸者**（個人蔵）
撮影者：不詳　撮影地：不詳　撮影年：明治期
名刺判写真。

**芸者**（個人蔵）
撮影者：不詳　撮影地：不詳　撮影年：明治期
名刺判写真。

# 芸者のブロマイド（2）

**芸者**（個人蔵）
撮影者：不詳　撮影地：不詳　撮影年：明治期
名刺判写真。

**芸者**（個人蔵）
撮影者：不詳　撮影地：不詳　撮影年：明治期
名刺判写真。

## 芸者のブロマイド（3）

第2章

# 清楚で華麗な女性たち

## 幕末・明治を生きた女たち

「江戸」から「明治」に至る幕末維新、伝統文化から新文化へ移る、新旧が混然とした時代であった。美しくも逞しい日本の妻・母・娘たちはどう生きたか。

**鍋島栄子**［なべしま　ながこ／1855〜1941］

公卿広橋胤保の5女。鍋島直大の継室（前妻は胤子）。福井藩主松平茂昭夫人幾子の姉に当たる。明治14年（1881）直大がイタリア特命全権公使としてイタリア在任中に結婚し、翌年、梨本宮妃となる伊都子を出産。直大には側室が1人いて4人の子が生まれ、胤子の子もいたが、栄子は一切の差別なく慈しんで育てた。また、鹿鳴館では「鹿鳴館の華」と呼ばれただけでなく、明治20年には日本赤十字篤志会会長となったほか、日清・日露両戦争では率先して看護活動に当たった。明治20年4月20日、伊藤博文首相官邸で開かれた大仮装舞踏会では夫婦そろって「フランスの昔の人の姿」をして参加したことがわかっている。

（鍋島報效会蔵）

## 和装から洋装へ（1）

明治4年（1871）の「散髪脱刀勝手令」と明治5年の「大礼服」が整備されても、女性の髪型は髷、正装は和服が基本だった。明治19年6月に和装を洋装に切り替え、宮中の礼服は洋装となった。翌年、華族の婦人たちに洋装を奨励した。

（鍋島報效会蔵）

## 有栖川宮慰子［ありすがわのみや　やすこ／1864〜1923］

加賀藩主前田慶寧の4女。明治13年（1880）に海軍皇族有栖川宮威仁親王の妃となった。幼時から漢学を野口之布に、画を松岡環翠に、和歌を高崎正風に、書を有栖川宮熾仁親王から学んでいる。明治22年から威仁親王がロシアに向かった際に随行したが、病気のためパリにとどまった。明治24年、皇太子ニコライが日本に来たときに威仁親王は接待に当たったが、大津事件が起こるも、その後の日露関係に影響が出なかったのは有栖川宮家の宮廷外交の賜物である。慰子は帰国後、慈恵病院幹事長、同総裁などを歴任した。彼女は1男2女をもうけたが、息子栽仁王が20歳という若さで死去したこともあり、彼女の死後、有栖川宮家の称号は消滅してしまった。

有栖川宮慰子妃（個人蔵）
撮影年代未詳。

**有栖川宮慰子妃**（丸木家蔵）
撮影年代未詳。丸木利陽撮影。

## 梨本宮伊都子［なしもとのみや　いつこ／1882〜1976］

鍋島直大次女で栄子がイタリアにいるときに産み、「イタリアの都の子」という意味で伊都子と名付けられた。明治29年（1896）、陸軍皇族梨本宮守正王と婚約した。娘方子は朝鮮王族李垠と結婚し、「悲劇の王女」と呼ばれた。明治42年、守正に同行して欧州各国をまわった。太平洋戦争では国民慰問を行い、戦後、宮家を脱し梨本伊都子となった。現天皇妃美智子皇后の結婚に最初は批判的だったが、昭和天皇の意向を知り、以後は批判しなくなった。彼女の残した『梨本伊都子日記』は明治から昭和までの皇族の歴史を知る上でも大変貴重なものである。

婚約後の伊都子（青梅きもの博物館蔵）
明治 31 年（1898）撮影。結婚前はおもに和装ばかりだったため、宮中の正装である洋装に慣れるのに苦労したといわれる。

（鍋島報效会蔵）

楠本いね（大洲市立博物館蔵）撮影年代未詳。

## 幕末の美女たち（1）

ここからは素性のわかっている有名な女性の写真を掲載する。新時代を逞しく駆け抜けた女たちである。

### 楠本いね［くすもと いね／1827〜1903］

楠本いねは、長崎でシーボルトと楠本たきとの間に生まれる。日本で初めての女医（産科医）となった。安政６年（１８５９）から10年間、オランダ人軍医ポンペ、同ボードウィン、更にマンスフェルトなどから産科医術を学び、明治３年（１８７０）２月から東京府築地で開業した。明治６年７月、明治天皇の側室で権典侍葉室光子が身ごもった時にいねは出産の立会人となった。ポンペは「彼女は何一つ見逃さなかった。注意をそらすようなことは決してなかった。私は若干質問を受けたが、その内容から彼女はとても聡明であることが分かった。彼女は解剖実習にも加わった」（『ポンペ日本滞在見聞記—日本における五年間』）と記している。

**三瀬諸淵・高子夫婦**（大洲市立博物館蔵）
撮影年代未詳。写真の裏書から諸淵が33歳、高子が22歳の頃のもので、明治4年（1871）3月に大阪心斎橋の中川信輔が撮ったものであることがわかった。

## 三瀬高子［みせ たかこ／1852〜1938］

楠本いねと岡山の医師石井宗謙との間に生まれた子で最初の名前は「ただ」。のち、宇和島藩主伊達宗徳の妻孝子が早く亡くなったため、彼女の名前をもらって「たか」と改名したようである。16歳のとき、たかは、大洲の洋学者でシーボルトの２度目の来日の際に通訳をつとめた三瀬周三（諸淵）と結婚。結婚後、「高子」と改名したと思われる。周三は「愛しいおただ、私はいつもあなたを愛している」とオランダ語と英語で書き込んだ彼女の写真をいつも持ち歩いていた。高子の手記が２００８年に公開されたが、周三と高子が相思相愛であったことを思わせる内容である。

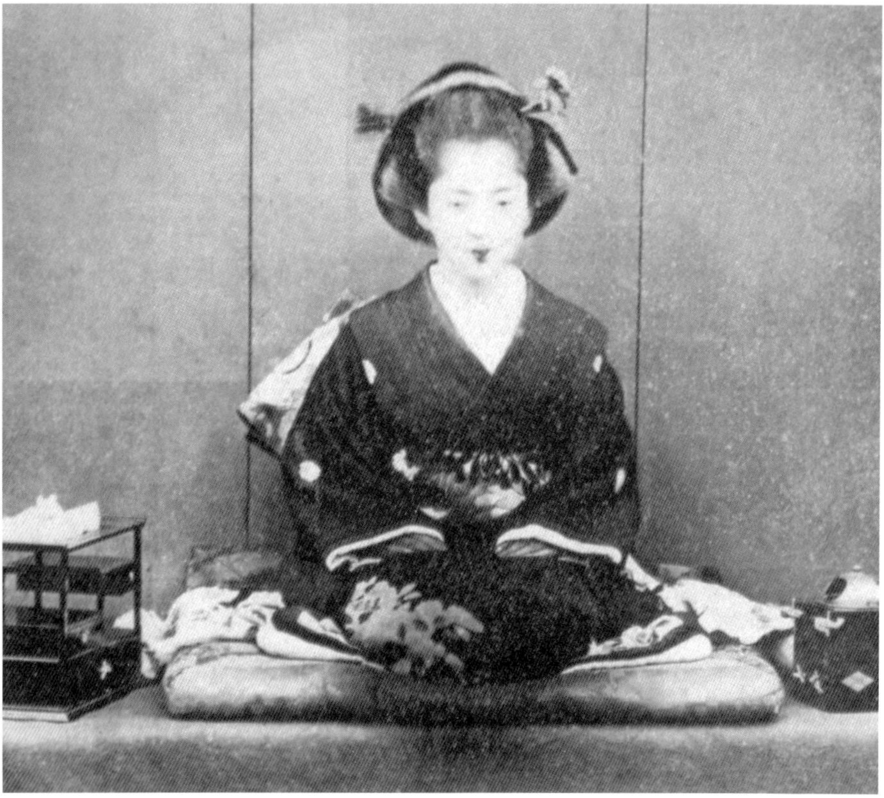

**南部郁子**（櫻山神社蔵）
郁子15歳の頃の写真といわれている。

## 南部郁子［なんぶ いくこ／1853〜1908］

盛岡藩主南部利剛長女。南部藩は戊辰戦争のときに新政府から「朝敵」の烙印を押されたが、正室松姫の実弟で鳥取藩主の池田慶徳を通じて謝罪を申し出た。それを知った広沢真臣が、華頂宮博経親王がまだ独身であり、郁子を入輿させる手立てを整え、これを以て謝罪と同じ条件とすることにした。これには南部藩執政東（南部）次郎からの働きがあったことが、会津出身の白井新太郎記『南部次郎政図之伝』から読み取れる。また一方で、那珂通高の『幽囚日録』からは、長岡謙吉と相談して東京で工作をしてもらい、広沢と同郷の木戸孝允も郁子入輿に関わったことが記されている。

## 紀伊徳川家の三姉妹

徳川茂承は廃藩置県にともない東京に上るよう命じられると、妻則子も後を追って東京に向かった。東京で長女久子と次女孝子を産むも明治7年（1874）、25歳で病死した。則子が産んだ長福丸が早々に亡くなってしまったため、田安徳川家から養子を迎え、久子と結婚させた。茂承は則子の継として伊勢神戸藩主本多忠穆3女で越後新発田藩主溝口直博の養女広子を迎えた。広子が3女保子を産んだ。

## 幕末の美女たち（2）

**伊達孝子**（次女）

[だて たかこ／ 1874 ～ 1960]

（個人蔵）

撮影年代未詳。紀伊藩主徳川茂承次女。宇和島伊達宗陳侯爵の継夫人となった。洋学を津田梅子に、絵画を佐久間棲谷に学んだ。「写生草子」という画集が残されている。

**徳川久子**（長女）

[とくがわ ひさこ／ 1873 ～ 1963]

（個人蔵）

撮影年代未詳。徳川慶頼６男頼倫を迎え入れて紀伊徳川家を継がせた。夫の頼倫は福井藩主松平慶永の実甥にあたる。和歌をこよなく愛し、『紀の国』という歌集を残した。

**松平保子**（3女）

[まつだいら やすこ／ 1875 ～ 1950]

（個人蔵）

撮影年代未詳。紀伊藩支藩伊予西条松平頼和（頼胤７男）に嫁いだ。

**寿々女**［新橋・伊東屋］
［すずめ／生没不詳］（小沢健志氏蔵）
撮影年代未詳。

**栄龍**［新橋・新恵比寿屋］
［えいりゅう／ 1896 ～？］（小沢健志氏蔵）
撮影年代未詳。

## 花柳の女性たち（1）

明治 24 年（1891）7 月、日本で最初の美人コンテストが凌雲閣で行われた。出場者は全員が芸妓である。新橋、柳橋、日本橋などから約 100 名が選出され、小川一真が彼女たちを撮影した。

**ぽん太**［新橋・玉の屋］
［ぽんた／ 1880 ～ 1925］（小沢健志氏蔵）
撮影年代未詳。東京品川で生まれる。姉が始めた「玉の屋」でぽん太としてデビュー。17 歳で東京・京橋新川の酒問屋「鹿島屋」の養子の鹿島屋清兵衛に身請けされ、のち後妻となった。清兵衛は写真館を経営していたが火薬事故で指を失ったため、写真館を廃業。ぽん太は、長唄や踊りの師匠として生計を支えた。

**お妻（小つま）**［新橋・吉田屋］
［おつま／1872～1915］（小沢健志氏蔵）
対馬厳原町中村の出身。本名は阿達ツギ。出身の対馬から取り寄せた椿油で髪の手入れをしていたようである。新橋の置屋の「花の家のお妻」、広く「洗い髪のお妻」として名を博した。小川一真写真館で写真を撮るため、自宅で髪結いを待っていたが、髪結いが来なかったため、長い髪を垂らしたままの「ザンバラ髪」で向かい、写真館ではすぐさま髪を整え撮影にのぞんだ。当時の洗髪料（現在のシャンプー）の製造会社のイメージガールにもなっている。

# 花柳の女性たち（2）

**さかえ（栄）**［新橋・三州屋］
［さかえ／ 1904～?］（小沢健志氏蔵）
大正 11 年（1922）、18 歳でデビューした。後に 2 代目市川左団次の夫人となる。

（小沢健志氏蔵）

（小沢健志氏蔵）

**末弘ヒロ子**（16歳）
［すえひろ　ひろこ／1893〜1963］
（国立国会図書館蔵）
福岡県小倉市長の末広直方の4女。明治41年（1908）3月、学習院女学部3年生（16歳）のとき、日本初の全国規模のミスコンで1位となった。学習院退学後、貴族院議員野津鎮之助と結婚した。

**金田ケン子**（19歳）
［かねだ　けんこ／生没不詳］
（国立国会図書館蔵）
宮城県仙台市出身。ミスコン時には19歳で2位となった。受賞後には200通の結婚申し込みがあったという。振袖に立矢結びの帯の正装姿でのぞみ、首掛時計の鎖や指輪で流行を取り入れていた。

## 明治の美人コンクール

明治40年（1907）、令嬢たちの写真が「美人写真募集」という一大イベントに登場した。アメリカのシカゴの新聞社が主催する世界の美女コンクールに時事新報社が協賛、世界一の美人選抜への参加の応募を募った。彼女たちの写真を見ると和洋混合のおしゃれの様子が読み取れる。

## 鹿鳴館の華たち（1）

国賓や外国の外交官を接待するための社交場「鹿鳴館」は欧化主義の象徴とされた。その鹿鳴館で日本の知性と教養を披露したのは、高官夫人の女性たちであった。鹿鳴館時代を彩った洋装の美人たちを紹介する。

**陸奥亮子** [むつ　りょうこ／1856～1900]（陸奥家蔵）

外務大臣陸奥宗光夫人。明治初期、東京・新橋柏屋の芸妓であったが明治5年(1872)、宗光と結婚。同11年、宗光が政府転覆計画に加担した罪で、投獄生活（仙台）を送っていたときは留守をよく守った。駐米公使在任中には「ワシントン社交界の華」と呼ばれた美貌の持ち主であった。

**戸田極子**

[とだ　きわこ／1858～1936]（影山智洋氏蔵）

公卿岩倉具視の３女。明治４年（1871）２月、元大垣藩主戸田氏共と結婚。極子を有名にしたのは「洋装が似合い、英語とダンスが上手く、外国人たちに物おじしないで交際することができる」という条件を満たした鹿鳴館であった。明治20年、氏共がオーストリア特命全権公使としてウィーンに渡ったときに随伴して、日本を知らしめた。とくに琴の演奏が有名となり、ドイツの作曲家ブラームスも直接聞きに来ていて、その魅力から交流が始まった。

## 渋沢兼子

［しぶさわ　かねこ／1852～1934］

（渋沢史料館蔵）

幕末の江戸の大豪商伊藤八兵衛の次女。渋沢栄一の後妻で、明治16年（1883）に栄一と結婚。明治42年に栄一を団長とする渡米実業団に兼子も同行。政治・経済・社会福祉・教育などの見学を行ったほか、タフト大統領や発明家エジソン、鉄道王ヒルなどに面会した。このミッションは関税自主権の回復となる日米通商航海条約の改正にも影響をもたらした。

# 鹿鳴館の華たち（2）

## 大山捨松

［おおやま　すてまつ／1860～1919］

（『当世活人画』所収）

会津藩家老山川尚江の末娘咲子。明治4年（1871）に捨松と改名。また、岩倉使節団に北海道開拓使派遣女子留学生の1人として参加。明治16年、陸軍卿大山巌と結婚。翌年、鹿鳴館慈善バザーを企画し、好評を得た。明治33年に岩倉使節団で一緒だった津田梅子の開いた女子英学塾設立の際に顧問に任命された。明治38年には日赤篤志看護会理事として救援活動を行った。

第3章

# 時代を創った男たち

## 幕末生まれの男たち

幕末の内憂外患を憂えたチョンマゲ姿で刀を差した武士たちは、維新回天のため、憂国の志をいだいて奔走した。「幕末生まれ」の彼らが「明治」を作り、その後の基礎を築いた。

（勝芳邦氏蔵）

## 丁髷から断髪へ（1）

幕末維新に生きた丁髷（チョンマゲ）の男たち。自ら近代日本誕生のために、服装だけではなく頭髪も断髪し、徹底的に西洋化した姿を現した。

（国立国会図書館蔵）

## 勝海舟 [かつ かいしゅう／1823～1899]

下位の幕臣だったが、ペリー来航時、幕府に提出した「海防意見書」が評価され、蕃書翻訳掛に登用される。長崎海軍伝習所が開かれると、ここで航海術を修得、海軍の充実と乗員の養成が急務と実感。万延元年（1860）には咸臨丸で渡米。軍艦奉行並となり、神戸海軍操練所創設を主導する。操練所は短期間で閉鎖されるが、この間、坂本龍馬らとの紐帯を強め、以後主要局面で、幕府重臣として西郷隆盛と交渉、リアルな判断で江戸無血開城に導いた。明治政府では海軍卿を務め、日本海軍生みの親の一人と称された。

（佐川町立青山文庫蔵）

## 丁髷から断髪へ（2）

（北海道大学附属図書館北方資料室蔵）

## 田中光顕

［たなか みつあき／1843～1939］

昭和 14 年（1939）死去、97 歳の長寿を全うした「最後の志士」として知られる。土佐郷士の出身。武市半平太に師事し、土佐勤王党結成に参加。やがて勤王党の弾圧が始まると、脱藩して大坂市中攪乱を企てるが失敗し、十津川に逃れた。さらに下関に渡って中岡慎太郎、高杉晋作を知り、陸援隊設立に関わる。京都近江屋で中岡が坂本龍馬とともに襲われたときには急行し、中岡の最後の言葉を聞き取ったという。この後、陸援隊を率いて高野山に挙兵、戊辰戦争でも奮戦。新政府では長く宮内相を務め、志士たちの事蹟を語った著作を遺した。

遣欧使節団の福澤諭吉（東京大学史料編纂所蔵）

# 丁髷から断髪へ（３）

（国立国会図書館蔵）

（国立国会図書館蔵）

### 福澤諭吉

[ふくざわ ゆきち／ 1834～1901]

緒方洪庵の適塾に学んだあと、万延元年（1860）咸臨丸で渡米。帰国後、幕府翻訳方。渡米は３度に及んだ。明治元年（1868）には新時代を開く人材の育成を目指して、それまで開いていた私塾を「慶應義塾」として新たに開塾。維新後も新政府からの誘いを断り、「明六新報社」を興して西欧文明に直面した日本の進路について論陣を張った。また慶應義塾での教育、『西欧事情』『文明論之概略』『学問のすゝめ』等、近代合理主義の立場で書かれた数多くの啓蒙的著述によって、同時代の人々に大きな影響を与えた。

（国立国会図書館蔵）

# 丁髷から断髪へ（4）

（国立国会図書館蔵）

## 大久保利通

[おおくぼ　としみち／ 1830 ～ 1878]

薩摩藩士。西郷隆盛とは同じ町内で育つが、出仕後、父がお家騒動に連座して遠島、自身も免職となる。復職後、藩内の尊王攘夷派を糾合して井伊直弼暗殺を計画。未遂に終わったが、このことで国父島津久光の目にとまり、西郷とともに側近に登用され、以後、公武合体運動に邁進する。だが薩長同盟締結後は討幕論に転換し、岩倉具視らと諮って王政復古のクーデターを成功させた。新政府では中枢を担い、政策を主導した。盟友西郷の征韓論には与せず、佐賀の乱、西南戦争を鎮圧。明治 11 年（1878）征韓派の不平士族らに暗殺された。

（国立国会図書館蔵）

# 丁髷から断髪へ（5）

（国立国会図書館蔵）

## 榎本武揚

[えのもと　たけあき／ 1836 ～ 1908]

長崎海軍伝習所の第２期生として学び、以後、オランダ留学を挟んで、幕府海軍の重鎮となる。鳥羽伏見の戦いでは大坂湾に艦隊を碇泊させて臨戦態勢をとったが、将軍慶喜に戦意なく、江戸に帰還。江戸開城時にも幕府艦隊を擁して江戸湾にあったが、艦隊ごと北方へ脱出。仙台で反政府勢力を合流して箱館へ向かい、五稜郭を占領して蝦夷共和国の設立を宣言、抵抗を続けた。だが明治２年（1869）５月降伏。榎本は死罪を免れ下獄するが、同５年出獄し、政府の要職を務めて手腕を発揮した。だが、その身の処し方は毀誉褒貶にさらされもした。

**一橋茂徳**（徳川林政史研究所蔵）

[ひとつばし　もちなが／ 1831 ～ 1884]

隠居した兄慶勝に代わって、尾張藩主となる。だが慶勝特赦後、慶勝実子の義宜に家督を譲って退隠し、その後、御三卿の一家、一橋家の家督を継ぐ。

**徳川慶勝**（徳川林政史研究所蔵）

[とくがわ　よしかつ／ 1824 ～ 1883]

尾張徳川家14代藩主。文久２年(1862)撮影。第１次長州征討では征長総督。第２次長州征討では出兵せず、幕府と距離を置いた。

**松平定敬**（徳川林政史研究所蔵）

[まつだいら　さだあき／ 1847 ～ 1908]

桑名藩４代藩主。京都所司代に就任。大政奉還後も徹底抗戦を継続、越後、会津と抗戦派の藩兵と転戦し、最後は箱館で戦った。

**松平容保**（徳川林政史研究所蔵）

[まつだいら　かたもり／ 1836 ～ 1893]

会津藩９代藩主。京都守護職に就任、「一会桑政権」を形成して政局を主導した。鳥羽伏見の戦い後、会津に戻り会津戦争の悲劇となった。

高須四兄弟（徳川林政史研究所蔵）
写真右より尾張徳川慶勝（55歳）、一橋茂徳（茂栄・玄同、48歳）、会津松平容保（44歳）、桑名松平定敬（33歳）。明治11年（1878）９月３日撮影。高須藩は尾張藩の支藩で、尾張藩の御三家的な役割を果たし、尾張藩第８代は、第３代藩主の松平義淳（徳川宗勝）が継いでいる。高須四兄弟は第10代松平義建の子で徳川慶勝は次男、一橋茂徳は５男、松平容保は７男、松平定敬は８男である。この４人以外にも３男が石見浜田藩主となっていて、10男が高須藩13代を継いでいる。

## 高須四兄弟

明治11年（1878）、東京の徳川慶勝邸に高須四兄弟が集まった。それぞれの幕末・維新を生き抜いた彼らの心に去来したものは何か。

軍服姿（茨城県立歴史館蔵）

束帯姿（福井市立郷土歴史博物館蔵）

## 徳川慶喜

[とくがわ よしのぶ／ 1837～1913]

水戸藩主徳川斉昭の子。一橋家を継いで間もなく、島津斉彬ら改革派に将軍家定の後継に擬されたが、井伊直弼らが強引に推す家茂が将軍に就いた。井伊直弼の死後、慶喜は家茂の後見となり、八・一八政変、禁門の変などに対処。「一会桑政権」として実権を握り、家茂病没後の慶応2年（1866）将軍に就任。しかしすでに切迫する対外情勢、討幕派の台頭などで幕府権力は実質的に瓦解し、大政奉還を表明した。討幕派は王政復古の大号令を発し、明治元年（1868）、鳥羽伏見の戦いが勃発。幕軍は敗れ、慶喜は恭順謹慎し、駿府に送られた。以後は趣味に生きる余生を送った。

晩年（国立国会図書館蔵）

**馬上**（茨城県立歴史館蔵）

# 徳川慶喜アルバム

新しいものに積極的に挑戦した慶喜は、写真の被写体としての姿も多数残しているが、晩年には自ら写真撮影を行い貴重な記録を残している。

（高知県立歴史民俗資料館蔵）

## 坂本龍馬

［さかもと りょうま／1835～1867］

上野彦馬撮影。剣術修業のため、19歳で江戸に出た龍馬は、ここで武市半平太と出会い、土佐勤王党に加盟する。以後、一藩勤王運動に邁進するが、藩論は動かず、龍馬は土佐藩を脱藩、長州から江戸に至り、その後の龍馬に大きな影響を与える勝海舟を知る。勝が神戸海軍操練所を創設すると塾頭格となり、操練所が取り潰されると訓練生を集め、長崎で海援隊の前身亀山社中を立ち上げる。この間にも薩長同盟成立のため奔走。同時期、後藤象二郎と邂逅、船中八策の骨子を伝え、これが土佐藩の大政奉還建白に繋がっていった。その最中、京に潜伏中に同志中岡慎太郎とともに暗殺された。

**中岡慎太郎**（北川村立中岡慎太郎館蔵）

[なかおか　しんたろう／ 1838 ～ 1867]

土佐藩士。陸援隊隊長。安芸郡北川郷の大庄屋中岡小伝次長男。武市半平太の門下で剣術を学び、武市が土佐勤王党を立ち上げると直ちに加盟。やがて勤王党への弾圧が始まると脱藩、長州三田尻へ逃れた。ここで忠勇隊に加わり、禁門の変に出撃。負傷して長州に戻り、大宰府へ落ちる三条実美を警護。この過程で西郷隆盛と接し、坂本龍馬とともに薩摩、長州間を周旋調整して薩長同盟を実現させた。慶応3年（1867）には陸援隊を結成、さらに薩土盟約の締結に尽力した。だが、同年11月、京都近江屋で坂本龍馬と密談中、刺客に襲われ龍馬は即死、中岡は2日後絶命した。

## 幕末の志士たち（1）

維新回天のため、憂国の志をいだいて奔走した志士たち。なかには明治を見ることなく散った人物も多い。そんな男たちの面影を見る。

# 幕末の志士たち（2）

**近藤勇** ［こんどう いさみ／ 1834 ～ 1868］（港区立港郷土資料館蔵）

試衛館道場主として土方歳三らを指導していた近藤は、幕府の浪士組募集を知り、土方ら門弟とともに応じた。浪士組は京都到着後、清河八郎によって「攘夷軍」と位置づけられ、幕府は江戸に呼び戻す。一方、近藤らは新選組を結成して京都に残留。ほどなく近藤は初代局長に就いた芹沢鴨を粛清し、局長近藤、副長土方の体制で、尊攘志士らの摘発にあたった。鳥羽伏見での敗戦後、新選組は甲陽鎮撫隊として改組。甲州に進撃するが勝沼で敗れ、下総流山に落ち延びた。近藤はここで捕縛され、板橋で斬首刑となり、首は京・三条河原に晒された。

**土方歳三**［ひじかた　としぞう／1835～1869］（土方歳三資料館蔵）

田本研造撮影。武州日野の郷士の出身。近藤勇が江戸で試衛館道場を継ぐと門弟となり、文久３年（1863）幕府の浪士組に近藤とともに投じた。上洛後、近藤らとともに浪士組と袂を分かって新選組を結成。「鬼の副長」として隊士を統率して洛中を警備、池田屋事件、禁門の変にも関わる。鳥羽伏見の敗戦後は甲陽鎮撫隊として甲州に出陣。だが勝沼で敗れて下総に至り、ここで近藤が捕われると、下野、会津方面で転戦。会津落城後は榎本武揚軍と合流して五稜郭で戦うが、最後の決戦時、出撃した一本木付近で戦死を遂げた。

**高杉晋作** [たかすぎ しんさく／1839～1867]（港区立港郷土資料館蔵）
上野彦馬撮影。松下村塾で吉田松陰の薫陶を受け、尊王攘夷運動に邁進。文久２年（1862）には上海に渡航してアヘン戦争後の惨状を見て、欧米列強に対する危機感を強めた。同３年５月、下関での攘夷実行による外国船砲撃と、それへの報復戦後、農民・町人などを採用した奇兵隊を編成。翌年四国連合艦隊の下関砲撃が起こると、戦後、この講和処理にあたった。藩内守旧派との抗争には奇兵隊のほか諸隊を組織して、これを駆逐、藩論を転回させた。慶応２年（1866）第２次長州征討でも奇兵隊を率いて幕府軍を追いつめるが、小倉方面で交戦中に喀血、翌年４月死去した。

**佐藤与之助**［さとう　よのすけ／1821～1877］（鶴岡市郷土資料館蔵）
江戸に出て勝海舟のもとで蘭学を学ぶ。新設された長崎海軍伝習所に勝が入所すると同行して伝習生となった。同時期、江戸湾周辺を測量し、横浜開港を勝に提言して、横浜港の築造が決定した。文久3年(1863)勝が大坂、神戸に海軍塾を開くと、この塾頭となる。この頃、勝は神戸周辺の砲台造営にかかるが、佐藤はこれを補佐して周辺砲台造営のほとんどに関わった。勝の私塾が神戸海軍操練所となると、ここでも塾頭格となり、勝を補佐。維新後、初代鉄道助となり、鉄道頭井上勝とともに日本初の鉄道実現を成し遂げた。東京・京都間の鉄道ルートを中山道経由にすることを主張したことでも知られる。

## 幕末の志士たち（3）

**小松帯刀**［こまつ たてわき／ 1835 ～ 1870］（尚古集成館蔵）

文久元年（1861）薩摩藩国父島津久光の側役に抜擢され、のち家老に上げられて久光の藩政改革と中央での政治活動を常に補佐した。西郷隆盛、大久保利通らの改革派を育て、重用。他方、坂本龍馬、中岡慎太郎などの他藩脱藩志士との協力関係を維持して援助を続けた。その間、生麦事件、薩英戦争ほかの事後処理にあたり、元治元年（1864）禁門の変では薩摩藩兵を率いて長州軍を破る。その後長州との関係を修復して、慶応2年（1866）薩長同盟締結を実現させ、大政奉還への道を拓いた。新政府では総裁局顧問、外国官副知事などを歴任するが、36歳の若さで病没した。

**幕末の志士たち（4）**

**岩倉具視** [いわくら ともみ／1825～1883]

（三宅立雄氏蔵・流通経済大学三宅雪嶺記念資料館協力）

関白鷹司政通に師事し、その才覚を買われて孝明天皇の侍従となる。日米修好通商条約勅許には強硬に反対したが、やがて公武合体論に傾き、和宮降嫁を実現する。だが尊攘過激派の怒りを買い、蟄居を余儀なくされた。この蟄居中、武力討幕の考えを強め、薩長討幕派と連携して、討幕の勅令、王政復古の大号令などを画策、維新の主要局面を裏から主導した。新政府では、明治4年（1871）特命全権大使として政府の主要メンバーを束ねて渡欧。帰国後、西郷隆盛らの征韓論を否定し、以後、明治欽定憲法の確立に尽力した。

**揖斐吉之助**〔いび　きちのすけ／1844～1881〕（『旧幕府』2巻11号所収）

伝習歩兵差図役勤方として鳥羽伏見の戦いに従軍、重傷を負う。その後、沼津兵学校で三等教授方。明治3年（1870）には陸軍少佐に任官、鎮台の参謀長等を歴任し、西南戦争にも従軍、田原坂では重傷を負った。同13年陸軍少将。翌年死去。

**大関増裕**（個人蔵）

[おおぜき　ますひろ／1838～1867]

下野黒羽藩15代藩主。文久2年(1862)講武所奉行、次いで陸軍奉行に任じられ、兵制改革に取り組んだ。2年後病を得、役を免じられて黒羽に戻り、藩内の改革、兵制の改革を推し進め、藩校作新館の創立なども行った。慶応元年（1865）には再び幕政に復帰して初代の海軍奉行に任じられ、2年後若年寄に上った。だが、この年の暮れ、領地の黒羽で狩猟中に死去。事故死、自殺説、暗殺説もあるが解明されてはいない。

## 幕府陸軍の士官たち（1）

幕府軍の軍事的近代化は、フランス公使ロッシュが強力に推進し、フランス外務省および陸軍省の積極的な指示のもとに行われた。

**幕府のフランス式伝習生**（沼津市明治史料館蔵）

撮影年代不詳。慶応3年(1867)1月、フランスから軍事顧問団が来日すると、新たにフランス式の軍装・軍制改革が行われた。伝習生は旗本の子弟で、彼らは士官になるべく訓練を受けた。士官の制服は山形の袖線が付いた上着（膝取マンテル）にズボンであった。写真右端はのちに沼津兵学校を創設した江原素六。

## 人見勝太郎［ひとみ　かつたろう／1843～1922］

（函館市中央図書館蔵）

京都詰めの同心の子。慶応3年（1867）、前年に結成された幕府軍の遊撃隊に抜擢され、翌年、鳥羽伏見の戦いに従軍。幕府軍が敗れると、隊は恭順・抗戦の二派に分裂する。人見は抗戦派に投じて、江戸無血開城後、江戸湾に碇泊していた榎本艦隊に乗り込んで江戸を脱出、房州方面から各地で転戦。奥羽越列藩同盟が崩壊した後は仙台で榎本艦隊と合流して箱館戦争に投じ、松前方面の守備を担って奮戦した。維新後、茨城県令に就いた後、実業界に転出。利根運河会社社長を務めたほか、台湾樟脳会社などを設立して成功を収めた。

# 幕府陸軍の士官たち（2）

**箱館戦争に参戦した幕府士官**（函館市中央図書館蔵）
明治2年（1869）撮影。右は幕府伝習隊砲兵隊でフランス語通訳田島金太郎、左は陸軍奉行並松平太郎。松平太郎は箱館では榎本武揚に次ぐ副総裁となった。

**二宮光鄰** [にのみや　こうりん／?～1876]

(八王子市郷土資料館提供)

八王子千人同心組頭。嘉永７年（1854）広範囲にわたる千人同心の名簿を作成し、明治元年（1868）「千人町」の町名保存に尽力。写真は第２次長州征討に向かう際に大坂で撮影した。

**幕府軍艦・開陽丸**（開陽丸青少年センター蔵）
開陽丸はオランダの造船所で1863年（文久3）に起工し、1866年（慶応元）試運転が行われ、オランダ留学生榎本武揚らに引き渡された。木造3本マスト・シップ型フリゲート、排水量2590トン、全長72.08メートル、幅13.04メートル、備砲は全34門、乗組員は429人。幕府崩壊後、榎本海軍の旗艦となったが、江差沖で暴風雨にあい座礁し沈没した。

**新政府軍艦・甲鉄（東）**（個人蔵）
甲鉄はアメリカの南北戦争時、南軍の発注でフランスの造船所で建造されたラム付木造装甲艦。1864年（元治元）完成。南北戦争終結後、幕府が購入した。日本にやって来たときには幕府は消滅しており、そのため甲鉄は新政府軍に渡った。この艦は全長60メートル、幅10メートル、速力は約10ノット。備砲3門のうち1門は300ポンドのアームストロング砲、残り2門は70ポンドのアームストロング砲であった。

**箱館の榎本政権の幹部たち**
明治元年（1868）田本研造撮影。前列左から荒井郁之助、榎本武揚、後列左から小杉雅之進、榎本対馬、林董三郎、松岡磐吉。

## 幕府海軍の士官たち

幕府は長崎海軍伝習所を経たのち、築地に海軍伝習所を創設し、フランスやイギリス海軍の影響を受けていった。慶応年間（1865 ～ 68）に入り、服装が刷新され、袖に階級章を付けたダブル釦のフロック型マンテル、チョッキ、ズボン、軍帽からなる士官の制服が定められた。

**戊辰戦争出征の薩摩藩兵たち**（日置島津家蔵／尚古集成館寄託）

大坂本町橋詰の中村写真場で撮影された記念写真。軍服の中に最新の洋シャツ、拳銃の入ったホルスターを身に下げるなど、彼らの得意満面ぶりがうかがわれる。

**奇兵隊士**（個人蔵）

明治２年（1869）９月、下関裏町で撮影。帽子を被り、懐中時計を見せているのが奇兵隊士武廣遜（たけひろ ゆずる）。武廣遜は文久３年（1863）、前田砲台で外国軍と戦い、慶応２年（1866）の第２次長州征討では小倉口で戦う。戊辰戦争では越後へ従軍、明治７年陸軍大尉となる。

**長州藩兵たち**（会津新選組記念館蔵）
基本的な格好は、上着はマンテルすなわちフロックコート。これにズボン、草履ばきという面妖なスタイルであった。戊辰戦争では、前装式のミニエー、エンフィールド銃を使っていたが、次第に後装式のウェストリーリチャード銃などにかわって、補強されていった。

## 戊辰戦争出兵の薩摩・長州藩兵たち

戊辰戦争で官軍の主力をなした薩摩・長州藩兵の精鋭たちを見る。詰襟の筒袖に股引形ズボン姿。帯やバンドには銃剣鞘が吊られ、刀も肩から吊り下げたりした。

（国立国会図書館蔵）

## 陸奥宗光

［むつ　むねみつ／1844～1897］

「カミソリ陸奥」の異名をとった紀州藩出身の敏腕政治家。神戸海軍操練所で勝海舟、坂本龍馬の薫陶を受け、操練所閉鎖後、亀山社中設立に参加、龍馬の片腕として奔走した。維新後新政府に出仕。だが、明治10年（1877）、土佐立志社事件への関与が明らかになり、翌年収監。5年の服役ののち欧州へ留学、帰国後農商務相。同24年、足尾鉱毒をめぐる田中正造の国会質疑にまともに答えず、古河財閥との癒着を指弾された。27年には英国との条約改正を果たし、下関条約も調印に導いたが、三国干渉では苦杯をなめた。

東京美術学校時代の岡倉天心

（茨城県天心記念五浦美術館蔵）

（茨城県天心記念五浦美術館蔵）

## 岡倉天心

［おかくら　てんしん／ 1862 ～ 1913］

明治の美術界を主導した思想家・美術史家・評論家。東京開成学校でフェノロサに師事して助手となり、当時顧みられず、失われつつあった国内美術品の調査・保護に携わる。また欧米にも渡航し、帰国後東京美術学校の開設に尽力。初代校長に就き、横山大観ほか若手画家を育てた。明治 31 年（1898）西洋画科設置をめぐっての校内紛争によって排斥され、日本美術院を創設。同 34 年にはインドに渡って東洋文化の源に触れ、同 37 年、ボストン美術館東洋部顧問に就任。英文の著作を通じて東洋文化の独自性を世界に紹介した。

富田村付近植物採集行（南方熊楠顕彰館蔵）

ジャクソンビルの南方熊楠
（南方熊楠顕彰館蔵）

## 南方熊楠

[みなかた　くまぐす／ 1867～1941]

生物学、民俗学、博物学と広範に及ぶ、その学問の全貌はつかみがたい。和歌山から上京して大学予備門に入学した熊楠は菌類の採集などに情熱を注ぎ、2年足らずで中退。米国、キューバ、中米諸国をめぐって、植物を採集した。明治25年(1892)、大英博物館に職を得、この間多数の論文を『ネイチャー』誌に寄稿。8年後帰国すると、田辺に居を構えて採集と粘菌研究の日々を送った。その膨大な研究は、現代の知の世界にも大きな刺激を与えている。40年からは、神社合祀令に対する反対運動を展開。自然保護運動の先駆けとなった。

（森鷗外記念館蔵）

## 森鷗外

［もり　おうがい／ 1862 〜 1922］

（国立国会図書館蔵）

津和野藩御典医の家に生まれる。10 歳のときに東京に移り、12 歳で東京医学校予科に入学。東京大学医学部を 19 歳で卒業して陸軍軍医となり、陸軍省の命でドイツに留学。帰国後、訳詩集『於母影』を上梓し、雑誌『しがらみ草紙』を創刊。次いで小説『舞姫』を発表するなど旺盛な創作活動を展開するが、この後、小倉へ左遷され、一旦創作を休止する。日清、日露戦争に従軍後、軍医の最高位の軍医総監・医務局長に上った。この後創作活動を再開、『雁』などの小説や戯曲を発表して、文豪と呼ばれる存在となっていく。

（講道館蔵）

（講道館蔵）

## 嘉納治五郎

[かのう　じごろう／ 1860 ～ 1938]

多くの流派に分かれ、その技法も様々であった明治以前の柔術を体系化し、スポーツとしての近代柔道を確立した武道家、教育家。東京大学卒業後、教員勤めのかたわら、私塾講道館を開き、起倒流、天神真楊流をもとに、古来の柔術を統合、体系化し講道館柔道と名付けた。その後、東京高等師範校長。さらに日本初のIOC委員、大日本体育協会初代会長に就き、明治45年（1912）第5回ストックホルム五輪に2人の選手を率いて初参加を果たした。昭和15年（1940）開催予定の東京五輪招致に成功したが、第2次世界大戦の勃発により実現しなかった。

（国立国会図書館蔵）

**後藤新平**（後藤新平記念館蔵）
明治23年（1890）頃撮影か。ローレンツ博士とともに。

## 後藤新平（国立国会図書館蔵）

[ごとう　しんぺい／1857～1929]

打ち出す構想の大きさから「大風呂敷」とも呼ばれた。須賀川医学校卒業後、愛知医学校の教官・校長を経て、明治16年（1883）内務省衛生局に招致され、医務官僚の道に踏み出した。この間ドイツに留学し、帰国後衛生局長。この後、台湾総督府民政局長、初代満鉄総裁などを務め、独自の構想で植民地経営に臨んだ。その後も逓信相、鉄道相、内相、外相を歴任し、シベリア出兵も推進。大正9年（1920）東京市長、関東大震災後には帝都復興院総裁に任命され、大構想の復興計画を立案したが、部分的な実現にとどまった。

（北里柴三郎記念室蔵）

（北里柴三郎記念室蔵）

## 北里柴三郎

［きたざと　しばさぶろう／1852～1931］

第1回のノーベル賞候補にもなった医学・細菌学者。東京医学校卒業後、内務省衛生局からドイツに留学。コッホのもとで、明治22年（1889）、破傷風菌の純粋培養に成功。さらにベーリングと共同で血清療法を開発。ノーベル賞はベーリングにのみ与えられた。帰国後、福沢諭吉の支援で伝染病研究所を設立。同27年、香港に派遣されてペスト菌を発見。その後、研究所は国立に移管され、さらに大正3年（1914）、東京帝国大学に吸収される。北里はこれに反対し、私立の北里研究所を設立、慶應大学医学部の創設も主導した。

第4章

# 写真にドラマあり

## 写真の一枚一枚にドラマあり

写真には「記録」、「伝達」、そして「表現」する機能的効果がある。個人的に撮った写真も、年月の経過によって、歴史的意味を有する映像になる。一枚の写真が、撮られた直前・直後に歴史的出来事に関連すれば、その写真は特別な意義を持つことになる。

## 龍馬の右腕として奔走するが……

近藤長次郎の生家は高知城下の餅菓子屋で、坂本龍馬とは幼なじみだった。幼少時から学業に優れ、城下の画師で西洋事情にも明るい河田小龍に師事。のち江戸へ出て安積艮斎、高島秋帆らの門下となる。文久３年（１８６３）勝海舟が神戸に海軍塾を開くと入門、ここで龍馬と再会する。勝の私塾が神戸海軍操練所となると、ここにも入所して航海術等を修得した。勝の失脚によってほどなく操練所が取り潰されると、龍馬らは長崎で亀山社中を設立、長次郎は主要メンバーとして参加する。

亀山社中では、龍馬らの薩長連合構想に基づいて、薩長の関係強化に奔走。その一例が軍艦ユニオン号をグラバーを通じて薩摩藩名義で購入し、長州藩に引き渡すことだった。引き渡しに際して長州藩と軋轢も生じたが、龍馬が乗り出して事は収まった。長次郎は、この過程で井上聞多（馨）、伊藤俊輔（博文）の英国密航の経緯を聞き、これに刺激されてか密航を企て、グラバーが一時帰国する船での渡航を計画した。慶応2年（１８６６）1月出港予定の船は時化で出港できず、社中同志に本部に連行されて査問を受ける。社中では内密行動は許されず、その場合には切腹という黙約があるとして、それをたてに切腹を迫られ、長次郎は敷地内の東屋で切腹。1月14日（24日とも）のことだった。当時龍馬は長崎を離れていて、のち「長崎に居れば死なせはしなかった」と語ったという。写真は密航決意後に撮られたものともいわれ、その目で見れば、今後への決意とそれにも増した緊張感が見て取れる。

## 写真にドラマあり（1）

１枚の写真が、撮られた状況を語りかけることがある。人それぞれに人生があるように、写真の１枚１枚にドラマがある。

**近藤長次郎**［こんどう　ちょうじろう／1838～1866］（高知市立高知市民図書館寄託）

# 「ならぬことはならぬこと」を貫いた16歳の会津魂

郡長正の父萱野権兵衛は会津藩家老で、明治2年（1869）、藩主松平容保らの助命と引き換えに会津戦争の責を一身に負う形で切腹。次男長正以下は萱野姓を名乗ることを許されず、萱野家の遠い出自である郡姓を名乗った。

会津藩は明治2年、斗南藩として再興、下北の地に移る。この地での藩士たちの苦難の物語は知られるところだが、同3年、藩は将来を見据えて藩士子弟のなかから長正を含む7人を選抜して豊前豊津藩（旧小倉藩）の藩校育徳館に留学生として送り出す。だが1年後、事件が起こる。長正が母に宛てた手紙を寮内で落とし、その内容が広まったのだ。手紙の末尾に食事の量の乏しさ、当地の食が口に合わないとのことが書き添えてあった。豊津藩の寮生たちは、食客の身でありながら供された食事に不満をもらす不心得を叱責する。長正は弁解せず、豊津の殿に申し訳なく、また留学生仲間にも面目が立たないとして、5月1日、寮内で割腹した。写真からもうかがえる、あどけなさの残る16歳の少年の判断とはいえ、会津の「ならぬことはならぬこと」の精神、矜持を示して汚名をそそごうとしたというのが通説となっている。一方、事件当時、育徳館は一時閉鎖されていて寮内起居は留学生のみで、この仲間たちが自決を迫ったともいう。また第2次長州征討の戦闘で、小倉藩が城に火を放って城下から撤退したことをめぐる口論があり、これが発端となったともいう。

真相は謎だが、この少年の哀切な死は、今も会津で、豊津の地で語り継がれている。

**郡長正**［こおり　ながまさ／1856～1871］（会津武家屋敷提供）

**ワシントン海軍工廠を訪問した遣米使節の幹部たち**
（日本カメラ博物館蔵）

前列右から勘定組頭森田岡太郎（清行）、監察（目付）小栗忠順、正使（外国奉行）新見正興、副使（外国奉行兼勘定奉行兼箱館奉行兼神奈川奉行）村垣範正、外国奉行支配組頭成瀬善四郎（正典）、外国奉行支配調役塚原重五郎(昌義)。
後列、村垣の後ろがデュポン海軍大尉、新見の後ろがブキャナン造船所所長、そこから右へ立石得十郎（オランダ語通詞）、栗嶋彦八郎（小人目付）、モーリー海軍中尉、松本三之丞（外国奉行支配定役）、アリソン事務長。

**小栗忠順**［おぐり　ただまさ／1827～1868］（国立国会図書館蔵）

## 時代に先んじたリアリストもその奔流には逆らえなかった

万延元年（１８６０）１月、米艦ポーハタン号は日米修好通商条約批准書交換のための遣米使節団一行77名を乗せて、築地沖から太平洋航路をとって米国を目指した。この使節団に監察（目付）として、使節団正・副使を補佐するために乗り込んだのが小栗で、５月半ばにワシントンに到着。この旅程で初めて接する米国の文物、制度、近代的な工場の見聞は小栗に強い印象を残した。

航海中に桜田門外の変が起き、使節団は条約批准後、早々に帰国するはずだったが、米側の船の手配の不手際で帰路は喜望峰周りの航路をとらざるを得ず、帰国したのは９月だった。帰国後の小栗は外国奉行、勘定奉行、軍艦奉行と要職を歴任する。この間に対馬事件などが起き、これらの処置をめぐって幾度か罷免されたがその都度復活を遂げている。文久３年（１８６３）には仏公使ロッシュの助力で横須賀製鉄所（造船所）建設を計画、翌々年、仏人技師ヴェルニーの指導で建設工事に着工し、さらに対仏借款も実現した。また仏式軍制を取り入れて軍事顧問団を招聘し、幕府軍の近代化をはかった。

小栗は大政奉還後、鳥羽伏見の戦い後も持論の主戦論の立場で強硬に徹底抗戦を主張。これは受け入れられず、明治元年（１８６８）１月、勘定奉行を解任され、知行地の上野国権田村に隠棲。しかし新政府軍は閏４月５日、抗戦の疑いありとして小栗を捕縛、翌日烏川の河原で斬首された。42歳だった。

**写真にドラマあり（３）**

## 九州一円からかき集めた茶葉は72トン

大浦慶は、神戸海軍操練所の閉鎖にともなって坂本龍馬らが結成した亀山社中に、同地の豪商らとともに援助を続けたひとりである。楠本いね、道永栄とならんで「長崎三女傑」と呼ばれた。

慶は長崎で代々油問屋を営む大商人大浦屋の一人娘として育つ。だが慶の幼少期には油の専売制が廃されて外国産の油が出回り、長崎大火もあって、家業は傾き始めていた。

慶は16歳で家業を継ぐと翌年婿を迎えるがわずかな期間で離縁し、以後は商売に専念、密かに出島に出入りして行商を続けていた。そんな最中、当時西欧には出回っていなかった日本産緑茶に着目し輸出を思いつく。その手始めに、嘉永６年（１８５３）、オランダ人商人テキストルを介して嬉野茶の見本を欧米の商人らに送付した。この試みは成功して、３年後、英貿易商オールトから米国向けに大量の茶葉を受注した。だが72トンもの茶葉の調達は容易ではなく、九州一円からかき集め、送り終わったのは2年後だった。

慶の名は一躍高まり、財を成して大浦屋の再興を果たす。だが、茶葉の輸出も静岡茶に押され、明治に入ると、煙草輸出取引に絡んだ保証金詐欺に遭う。莫大な借財を抱えて、以後は逼塞せざるを得なかった。しかし明治12年（１８７９）米大統領グラントの乗艦が長崎に寄港した際、艦上に上がる栄誉を受け、その５年後の４月５日、死の床にあった慶の許に茶葉貿易の功績を讃えて明治政府より功労賞が届く。その８日後に慶は静かに息を引き取った。

**大浦慶**［おおうら　けい／1828－1884］（長崎歴史文化博物館蔵）

**慶が大事に持っていた坂本龍馬の写真**

（三吉治敬氏蔵、米熊・慎蔵・龍馬会資料管理）

慶は、亀山社中、海援隊などを庇護したことで知られるが、その遺品のなかに坂本龍馬の写真が見つかっている。

## 罷免のたびに復活――不死身の大幕閣

大久保一翁は、度々の左遷にあっても、その度に復活を遂げた傑物である。だが、その功績は勝海舟の影に隠れて目立たないようにも見える。しかし、勝は「幕府中の英傑」と評した。

ペリー艦隊が浦賀に現れる頃、首席老中阿部正弘は地位にこだわらず能力のある幕臣を幕閣に登用した。大久保一翁の家系は家格の高い旗本ではあったが、阿部に見出され、安政元年（1854）目付兼海防掛に抜擢され、以後、順調に出世を遂げる。だが同4年に任じられた長崎奉行を固辞して駿府奉行に左遷。固辞の理由はこのポストにつきものの交渉裏に金銭の介在するのを嫌ったためという。しかし、翌年、復活して禁裏付、次いで京都町奉行に任じられる。この間、ペリー来航時に海防の意見書を上申した勝海舟を見出し、勝を蕃書調所御用に推挙する。

同5年、井伊直弼が大老になると、志士の取り締まり方針で井伊と対立、奉行職を罷免される。井伊横死ののちには、再び蕃書調所頭取、外国奉行、大目付、御側御用取次を経て勘定奉行に昇る。しかし持論の大政奉還論、諸侯会議の提唱などの動きが目立ったのか、5日間の在任でまたも解任。だが明治元年（1868）、幕政に復帰して、勝海舟を表に立てながら江戸無血開城を実現した。

維新後、徳川家の駿府移封に従って駿府に移り、静岡県知事、東京府知事、さらに元老院議官も務める。その真意は謎だが、在任中の11年間ほとんど発言らしい発言をせず沈黙を守ったという。

**大久保一翁**［おおくぼ　いちおう／1817～1888］
（福井市立郷土歴史博物館蔵）

（北海道大学附属図書館北方資料室蔵）

# 島津斉彬の「集成館事業」に貢献した先進技術官僚

島津斉彬は藩主襲封直後から、後に「集成館事業」と呼ばれることになる反射炉建設、軍艦建造などをはじめ、軍事、産業、工芸等の分野での先端技術の開発を推進する壮大な計画を立ち上げる。この事業の担い手の一人として抜擢されたのが当時22歳の中原猶介だった。少年期から抜きん出た存在で、蘭学、なかでも化学分野に興味を持ち、18歳のときには藩命で長崎に赴いて蘭学を修め、帰藩後は反射炉建設、蒸気船建造、薩摩切り子製作技術の革新など、先端技術の開発、導入に取り組んでいった。

**中原猶介**［なかはら　なおすけ／1832－1868］
（長崎大学附属図書館蔵）

安政５年（１８５８）斉彬の死去後、その任を解かれると江戸に出て、江川太郎左衛門の下で砲術を学んで塾頭となり、一度の帰藩をはさんで江戸滞在は4年に及んだ。帰藩するのは薩英戦争の前年だが、薩英戦争時には長崎に居て直接戦闘には参加しなかった。

その後、禁門の変では軍賦役兼大砲隊長を務めて長州軍を敗走させた。慶応4年（１８６８）鳥羽伏見の戦いでは伏見口に布陣して幕府軍を阻み、海軍参謀に就任。のち、河井継之助率いる長岡軍と一進一退の激戦を展開。しかし7月24日、長岡城再奪還時、右膝下を銃撃されて前線を離れ、柏崎の野戦病院に収容された。だが死を免れないのを悟ったのか一切の治療を拒み、８月７日没する。37歳だった。この９日後、中原と同じく脚部に銃創を負った敵将河井継之助も、会津に向かって退却中の八十里越付近で絶命する。

第5章

# 幕末維新の日本の風景

## 今では見ることのできない景観が甦る

茅葺きの屋根が整然と並ぶ宿場町、外国の使節団が泊まった築地居留地にあったホテル館、愛宕山から見た江戸・東京の景観、幕末から明治初期に撮影された貴重な写真である。

# 愛宕山から見たパノラマ

愛宕山は標高 26 メートルの山である。山としては現在でも東京 23 区内で最高峰である。江戸時代、ここからの眺望が最も江戸の町並みを体感できる場所であっただろう。

**愛宕山から見た江戸の町並み（東方面）**
（『Felice Beato in Japan』より）
文久 3 年（1863）、フェリーチェ・ベアト撮影。標高 26 メートルの愛宕山から撮影された。中央の下部の白壁の長屋が続く屋敷は越後長岡藩牧野家中屋敷。その奥の火の見櫓が見えるあたりは伊予松山藩松平家上屋敷、上部の森は浜御殿（現浜離宮）である。

**愛宕山からの眺望　新橋方面**

(港区立港郷土資料館蔵)

慶応4年（1868）頃の撮影。手前の門は真福寺の山門。門前右側は越後長岡藩牧野家中屋敷の長屋塀、道を隔てた反対側は旗本小出助四郎（1000石）、その右隣は林伊太郎（30俵2人扶持）、さらに土岐信濃守（2500石）の屋敷が続く。

## 愛宕山からの眺望　汐留方面

（港区立港郷土資料館蔵）

撮影者不詳。明治 28 年（1895）頃撮影。中央の道路は、越後長岡藩牧野家中屋敷跡と大和小泉藩片桐家上屋敷跡の間に明治年代後半に開通した道路である。「田」と書かれた建物はレンガ造りのようだ。レンガ造りの建物は、銀座煉瓦街の完成後、多く造られるようになる。写真手前の看板には「HAIR DRESSER（美容院）」とある。町も西洋化がだいぶ進んでいるようだ。

## 愛宕山の裏手

（厚木市郷土資料館蔵）

フェリーチェ・ベアト撮影。明治初期。愛宕山の頂上には時を告げる鐘楼があり、麓の家の前には十数人の男たちがカメラを見つめるように写っている。

## 塔のある風景

幕末維新の時代、競うように西洋文化を取り入れた近代建築が登場する。西洋建築の影響を受けた、和洋折衷の塔のある擬洋風建築物である。設計は外国人でも、施工は木造建築の伝統に育まれた日本の大工たちによって建てられた。

**築地ホテル館**（横浜美術館蔵）

撮影者：ミハエル・モーザー（推定）

撮影地：東京

撮影年：明治３年（1870）

鶏卵紙。明治元年（1868）、居留地の近く（現中央区築地６丁目）で開業した外国人専用のホテル。設計はブリジェンス、施工は清水喜助。ベランダ・望楼・海鼠壁の外壁をもつ和洋折衷建築であった。明治５年の大火で焼失。『ファー・イースト』１巻６号（1870年８月16日）より。

**近衛兵団**

（個人蔵）

明治初期の撮影。現東京都千代田区。明治５年（1872）近衛兵団が創設され、その兵営が現在の北の丸公園にあたる旧徳川御三卿田安家、清水家の屋敷跡に置かれた。設計は英国人建築技師ウォートルス。同11年、近衛砲兵の一部が反乱事件を起こした（竹橋事件）。

**城下の宿場**

江戸時代、小田原は東海道五十三次中屈指の宿場として有名であった。とくに小田原では、東海道や甲州道の道路に面して大半の町屋が立ち並んでいた。

**小田原宿**（放送大学附属図書館蔵）

フェリーチェ・ベアト撮影。小田原は相模国第一の大きな宿場町であり、天保14年（1843）には本陣4軒、脇本陣4軒、旅籠95軒を数えた。この写真の中央奥が城山で小田原城がある。天秤棒を担いだ物売りや大八車で荷物を運ぶ人など、人出の賑わいが伝わってくる、幕末写真の1枚である。但し、被写体の人物がみな写真機の方をうかがっている。

## 宿場町

街道の拠点となるのが宿場町である。そこは武士だけではなく、町人たちも含む貨客の輸送や旅客の宿泊の場でもあった。

**厚木宿**（厚木市郷土資料館蔵）

大山街道の重要な宿場町であった厚木宿の様子。中央にドブ川が流れ、中央の高いはしごには半鐘が付いている。右の建物の看板には「江州彦根　生製牛肉漬」「薬種」と読める。

**東海道沿道の町並み**（日本大学芸術学部蔵）
東海道沿いの松並木と藁葺きの家々。

# 街　道

街道に沿って並木を植えることは律令制の時代にもあったが、全国的に行われたのは江戸時代に入ってからである。並木の種類は松や杉は知られているが、柏・榎・檜・樅など、さまざまな木が植えられていた。

**東海道小田原近郊**（日本大学芸術学部蔵）
東海道の小田原市上板橋あたりから、左に早川の流れ、
正面に風祭方面を望む。

**京　都**

幕末の京都市中は推定人口53万人。世界有数の大都市であった。その京都が元治元年（1864）7月の禁門の変の戦火で大被害を受けている。写真から想像すると鴨川を挟む祇園付近は難を逃れたのであろう。

**祇園**（個人蔵）
幕末の撮影。写真の詳細は不明であるが、京町家の造りがわかる貴重な写真である。

**開拓使札幌本庁舎落成記念**
（北海道立文書館蔵）
撮影者：武林盛一
撮影地：札幌
撮影年：明治６年（1873）
本庁舎は明治 12 年（1879）1 月 17 日の火災で焼失した。

**開拓使札幌本庁舎上棟式**
（北海道立文書館蔵）
撮影者：武林盛一
撮影地：札幌
撮影年：明治６年（1873）

## 北海道の開拓

明治２年（1869）、新政府は「開拓使」を設置、北海道の開拓と北方の国防という壮大な国家事業を発足させた。開拓民を募集し、未開の地を切り拓いた写真記録は数千枚を数えた。

**北海道庁庁舎**（函館市中央図書館蔵）
撮影者：アーサー・アンバー・ブリガム　撮影地：札幌
撮影年：明治 22 年（1889）頃
本庁舎は、明治 21 年（1888）に建設された建物で、設計は北海道庁土木課の平井晴二郎といわれている。

**北海道庁庁舎**（北海道立文書館蔵）
明治末年撮影。この建物は明治42年（１９０９）に内部を焼失。２年後に再建され、昭和43年（１９６８）の保存修復工事で完全復元された。

# 全国各地の景観

**草津**（横浜開港資料館蔵）
撮影年代未詳。写真は草津温泉の中央部にあたり、右手の湯畑には温泉がわいている。

**塩名田**（横浜開港資料館蔵）
明治10年（1877）代の撮影。現佐久市塩名田を流れる千曲川に架かる舟橋。架けられた橋はいくども洪水により流失している。

**法隆寺伽藍**（個人蔵）
明治30年（1897）頃の撮影。明治17年、アメリカ人・フェノロサが岡倉天心と法隆寺を訪ね、法隆寺の建築、仏像にあらわれた日本の美に驚嘆したといわれる。

**猿沢池**（個人蔵）
明治30年（1897）頃の撮影。奈良市奈良公園内。写真左上が興福寺の五重塔。奈良八景の一つといわれる。

**長崎港**

（東京国立博物館蔵）
撮影者：上野彦馬　撮影年：明治初期の撮影。
長崎の大浦居留地背後の「ドンの山」（現どんのやま公園）の中腹より大浦居留地と船の浮かぶ長崎港を遠望。

## 長　崎

鎖国から二百余年、最大の海外貿易港長崎は幕末期、海外情報の発信地であった。世界の情勢はここ長崎から全国に発信された。

**大浦天主堂**

（江崎べっ甲店蔵）
撮影者：上野彦馬
撮影地：長崎
撮影年：慶応２～３年（1866～1867）
元治２年（1865）に建立された日本最古の現存するキリスト教建築物。

## その日の出来事

浮世絵や錦絵で歴史的出来事が描かれていた時代から、写真で記録される時代へと変貌していく。

**鉄道開業式当日の横浜駅**（横浜都市発展記念館蔵）

撮影者：臼井秀三郎

撮影地：横浜

撮影年：明治５年（1872）

９月 12 日の式典当日の模様。明治天皇をはじめ、政府高官や外国人の招待客出席のもと、盛大に挙行された。大岡川を挟んだ対岸の外務省接客所から撮影。

**横浜湾上の四国連合艦隊**（横浜開港資料館蔵）

横浜居留地からの遠望。元治元年（1864）8月27日から28日にかけてイギリス海軍中将を総司令官とする十数隻の艦船が長州をめざして横浜を出港した。

**イギリス軍に占拠された長州・前田砲台**（横浜開港資料館蔵）

元治元年（1864）9月5日午後4時頃から、英軍艦隊が長州藩の各砲台を砲撃、その後、陸戦部隊が上陸して前田砲台を制圧、占拠した。

## 写真が事件を追う

文久３年（1863）、長州藩が外国船に砲撃を加えたことが発端となり、その報復として四国連合艦隊が長州藩に攻撃を仕掛ける模様が、開始から下関戦争終結後の会合まで記録されていた。

**四国連合艦隊の代表者たち**（長崎大学附属図書館蔵）
下関戦争終結後の策を相談するために集まったイギリス・フランス・アメリカの代表者たち。

**生麦事件の現場**
（厚木市郷土資料館蔵）
文久２年（1862）８月21日、薩摩藩士奈良原喜左衛門が、武蔵国生麦村で、島津久光の行列を乱したという理由で、英国商人リチャードソンらを殺傷した。

## 生麦事件

文久２年（1862）の暴徒によるこの事件は予測されていたものだった。幕府が各国公使にその予測を伝達した最中の出来事であった。事件解決ははかどらず、翌年７月２日、イギリスは報復として薩英戦争を起こした。

# 第6章

# 幕末維新の海外渡航

## 世界を見た海外渡航の先駆者たち

幕府の使節団はともかくとして、幕末期、海外渡航は禁じられていた。見つかれば死罪。それでも使命感に燃える若者たちは命をかけた海外留学をめざした。

# 密航留学生「長州ファイブ」

「夷の術を以て夷を防ぐ」という吉田松陰の遺志は長州の若者たちに引き継がれていった。文久３年（1863）５月12日、まだ海外渡航が禁止のこの時代、長州の若者５人はイギリスをめざした。

**伊藤俊輔** ［いとう　しゅんすけ］

●1841〜1909

松下村塾で学んだ後、長崎で洋式操練を学ぶ。文久２年（１８６２）の品川御殿山のイギリス仮公使館焼き討ちに参加。イギリス留学後、岩倉使節団副使となる。初代内閣総理大臣となった。

**山尾庸三** ［やまお　ようぞう］

●1837〜1917

箱館で武田斐三郎から蘭学を学ぶ。文久元年（１８６１）の箱館奉行による亀田丸のアムール川調査にも参加した。翌年、伊藤同様イギリス仮公使館焼き討ちに参加した。同3年、イギリスに留学し、グラスゴーで造船技術を習得。維新後、工部大輔、工部卿に就任したほか、盲唖教育の提唱なども行った。

**野村弥吉** ［のむら　やきち］

●1843〜1910

安政5年（１８５８）に長崎で蘭学を学び、山尾とともに箱館で蘭学を学ぶ。文久3年（１８６３）、イギリス留学を果たし、ロンドン大学で鉱山・土木学を学んだ。維新後は新橋─横浜間の鉄道事業などにもかかわる。

**遠藤謹助** ［えんどう　きんすけ］

●1836〜1893

文久3年（１８６３）、イギリスに留学。ロンドンで体調を崩したが、勉学に励み、維新後は造幣局に出仕し、近代日本紙幣の祖となった。

**志道聞多** ［しじ　ぶんた］

●1835〜1915

藩校明倫館で学んだ後、江川塾に学ぶ。文久2年（１８６２）のイギリス仮公使館焼き討ちに参加した。文久3年、イギリスに留学した。維新後、造幣頭として大阪造幣局を開設したほか、外務卿時代は「鹿鳴館外交」を展開した。

**長州藩のイギリス留学生一行**

（萩博物館蔵）

文久３年（1863）から元治元年（1864）の間にロンドンで撮影された。写真向かって前列左から志道聞多（井上馨）、山尾庸三、後列左から遠藤謹助、野村弥吉（井上勝）、伊藤俊輔（伊藤博文）。

**遣米使節団・咸臨丸乗組員**

（『万延元年遣米使節図録』所収）

サンフランシスコのウィリアム・シュー写真館で撮影。右から福澤諭吉（木村喜毅従者）、岡田井蔵（軍艦操練所教授方手伝）、肥田浜五郎（蒸気方・軍艦操練所教授方）、小永井五八郎（軍艦操練所勤番下役）、浜口興右衛門（運用方・軍艦操練所教授方）、根津欽次郎（軍艦操練所教授方手伝）。

## 幕府初の遣米使節団

万延元年（1860）幕府はアメリカ軍艦ポーハタン号と咸臨丸でアメリカ使節団を派遣した。幕府による近代外交のはじまりである。

**木村喜毅**［きむら　よしたけ］

●1830～1901

咸臨丸提督。軍艦奉行。帰国後、海軍改革に尽力した。帰国後も福澤諭吉との交友関係は続いた。木村は文久2年（1862）、小野友五郎が提出した「江都海防真論」を政事総裁職松平慶永らに提出し、江戸湾海防、および横須賀製鉄所建設の道をつくった。

**勝麟太郎**［かつ　りんたろう］

●1823～1899

咸臨丸で渡米した1860年にサンフランシスコの写真館で撮影された。この写真に写っている白銀の太刀は5年前に伊勢商人竹川竹斎から贈られたもので、竹斎は「外国との間に事が起こった場合に必ずこの太刀を差し、国家のために活用するよう」申し送った。その返礼に、この白

**木村喜毅**

（木村家蔵、横浜開港資料館保管）

**勝麟太郎**

（勝芳邦氏蔵）

勝自身がたわむれで頬に朱を着色したと伝えられる（ウィリアム・シュー撮影）。

**福澤諭吉**

（東京大学史料編纂所蔵）

文久2年（1862）遣欧使節団のときに写された写真。

銀の太刀を差してアメリカで撮影した写真を竹斎に贈った。

**福澤諭吉**［ふくざわ　ゆきち］

●1834〜1901

文久2年（1862）の遣欧使節団のときの写真。この使節団では翻訳方で随行し、帰国後、このときの経験をもとに『西洋事情』を執筆する。慶応3年（1867）には再びアメリカに渡っている。慶応4年、芝新銭座に「慶應義塾」を創設した。

## 幕府遣仏使節団

文久3年（1863）12月29日、正使池田長発、副使河津祐邦らをはじめ総勢35名が品川を出航。すべて外国へ行くのが初めてという者たちで構成されていた。

**河津祐邦**

（三宅立雄氏蔵、流通経済大学三宅雪嶺記念資料館協力）

**池田長発**

（三宅立雄氏蔵、流通経済大学三宅雪嶺記念資料館協力）

**スフィンクス前の遣欧使節一行**

（三宅立雄氏蔵、流通経済大学三宅雪嶺記念資料館協力）

フェリーチェ・ベアトの兄アントニオ・ベアトの撮影。使節団はエジプト総督に謁見後、スフィンクスに向かった。元治元年2月28日（1864年4月4日）午後2時から4時半の間に撮影。35人のメンバーの内、27人が訪れた。ちなみに写真はこの撮影に参加していない田辺太一がのちに写真をもらい、田辺の娘の龍子（三宅花圃）が三宅雪嶺と結婚している。

**池田長発**［いけだ　ながおき］

●1837~1879

文久3年（1863）、筆頭目付として幕末の難局に当たっていたが外国奉行に転任し、遣仏使節団の正使となる。横浜鎖港という過酷な交渉をすることになる。帰国後、進んだ西欧に学ぶとともに、世界の大勢を知らなければならないとして、積極的な外交政策を幕府に求めた。写真はナダール撮影。

**河津祐邦**［かわづ　すけくに］

●1837~1868

箱館奉行支配組頭として外交経験を積み、文久3年（1863）、新徴組支配となる。フランスに派遣されるにあたり、外国奉行となる。帰国後、最後の長崎奉行を務めたほか、外国事務総裁や若年寄となった。写真はナダール撮影。

**林董三郎**
（東京大学史料編纂所蔵）

**外山捨八**
（東京大学史料編纂所蔵）

# 幕府イギリス留学生

慶応2年（1866）10月25日、80名ほどの応募者から12名の留学生が選ばれ、横浜港を出発した。

**外山捨八** 〔とやま　すてはち〕
●1848〜1900
外山正一。勝海舟の推挙で、慶応2年（1866）のイギリス留学生となる。維新後の明治3年（1870）、森有礼に従い渡米。西南戦争のときに作詩した「抜刀隊」はのち、フランス人シャルル・ルルーによって作曲され、軍歌として現在も受け継がれている。東京帝国大学総長や文部大臣等を歴任。

**林董三郎** 〔はやし　とうさぶろう〕
●1850〜1913
林董。ヘボン塾で学び、慶応3年（1867）のイギリス留学生の一員となる。帰国後、縁戚の榎本武揚にしたがって箱館戦争を戦う。維新後、岩倉使節団に随行。その後は陸奥宗光のもとで活躍し、外務大臣や逓信大臣にもなった。

# 第7章

# 幕末の城

## 往時の勇姿を偲ばせる古写真

江戸時代には全国で2000ほどが存在した城も、今日ではほとんどが建物を失っている。ユネスコ世界遺産に登録された姫路城でさえ、往時の城内の建物は1割も残されていない。

日本の城の本来の荘厳さは、荒廃した現状からは想像できないが、古写真からは往時の勇姿を偲ぶことができる。城を撮影した写真は、城がまだ現役であった幕末に遡る。そこから明治初期の城郭取り壊し間際の城の遺影がなんとか写されたのである。会津若松城、津山城、萩城などの勇姿を古写真で見ると、城郭ファンならずとも感動を覚えざるを得ないだろう。

## 江戸城

築城年／長禄元年（1457）
慶応３年の城主／徳川慶喜
慶応３年の石高／幕府直轄
存廃城／存城
所在地／東京都千代田区

江戸城の地にはじめて築城したのは関東管領・扇谷上杉氏の家臣・太田道灌である。当時の関東は鎌倉公方と関東管領の対立などで、戦国の様相を呈していた。時を経て扇谷上杉氏が退潮すると、小田原北条氏の支配下となる。そしてその小田原北条氏が豊臣秀吉によって滅ぼされると、入封した徳川家康が本拠地として選び、低湿地とススキが生い茂る荒地に囲まれた江戸城の新たな開発に着手した。

慶長８年（1603）に幕府が開府すると、慶長11年２代将軍秀忠が藤堂高虎の縄張で本格的な天下普請を開始、万治３年（1660）までそれは続けられ、史上最大の城郭となった。慶長度、元和度、寛永度と建て直された天守は明暦３年（1657）の大火で焼失して以降再建されることもなく、巨大な天守台がその規模を示すのみである。

**坂下門付近から見た二の丸蓮池巽三重櫓**

（日本大学芸術学部蔵）

フェリーチェ・ベアト撮影。明治３年（1870）に焼失した巽三重櫓を写した明治初年の写真。蛤濠に面し右手に玉薬多聞、御弓多聞、寺沢二重櫓、巽奥三重櫓が並ぶ。

**坂下門と蓮池巽三重櫓**

（厚木市郷土資料館蔵）

写真右の蓮池巽三重櫓と、箪笥多聞櫓で結ばれた左の蓮池巽二重櫓。二重櫓の手前に坂下門の高麗門、右奥に富士見三重櫓が見える。手前は二重橋濠。明治初期。

**坂下門と蓮池巽二重櫓**

（小沢健志氏蔵）

明治５年（1872）頃撮影。中央右手に蓮池巽二重櫓、その左に坂下門の高麗門と渡櫓が見える。

**三の丸桜田二重櫓**

（A・ベルタレッリ市立版画コレクション・会津若松市蔵）

内桜田門（桔梗門）付近から撮影したもの。

**二の丸東南面**

（社団法人霞会館蔵）

三の丸大手門方向から見た二の丸東南面。右手前の百人二重櫓から寺沢二重櫓、蓮池巽三重櫓が連なる。蛤濠を隔て左手に内桜田門（桔梗門）の渡櫓が見える。現在は内桜田門から手前の濠は埋め立てられている。

**西の丸伏見櫓と書院門**

（小沢健志氏蔵）

明治初期の撮影。伏見櫓は西の丸にある唯一の隅櫓。

**西の丸坂下門と蓮池巽三重櫓**

（小沢健志氏蔵）

蓮池巽三重櫓の左石垣上にある建物は箪笥多聞櫓。

# 仙台城

築城年／慶長７年（1602）
慶応３年の城主／伊達慶邦
慶応３年の石高／62万5600石
存廃城／存城
所在地／宮城県仙台市

伊達政宗が慶長５年（1600）に着工、２年後に完成した。広瀬川に接した台地青葉山に立地した、天然の要害の利を活かした城で、伊達氏代々の居城となった。維新後、破却は免れたが、本丸御殿などは破壊され、域内は軍用地に。残った建築群も戦災によって焼失。戦後は「青葉城公園」となる。

**大橋付近から仙台城を望む**（仙台市博物館蔵）
明治９年（１８７６）頃の撮影。大手門の右奥に二の丸の建造物の屋根が見える。二の丸の建造物は明治15年に火災により全焼した。

**大手門と脇櫓**（來本雅之氏蔵）
大正期の撮影。肥前名護屋城から移築されたという伝承を持つ桃山様式の豪華絢爛な櫓門。昭和６年（1931）に国宝に指定されるが、昭和20年の米軍の空襲により焼失した。

**天守東面**（A. ベルタレッリ市立版画コレクション・会津若松市蔵）
慶応4年（1868）8月23日からおよそ1か月に及んだ、官軍と会津藩の戦闘の激しさを伝える天守の写真。官軍の砲撃により激しく損傷しているものの、崩壊に至っていないのは城郭建築の堅牢さも物語っている。天守は明治7年（1874）取り壊された。

## 会津若松城

築城年／文禄２年（1593）
慶応３年の城主／松平容保
慶応３年の石高／23万石
存廃城／存城
所在地／福島県会津若松市追手町

文禄２年（1593）蒲生氏郷は七重の天守をもつ大城郭を造営、近世城郭の形をととのえた。寛永４年（1627）入封した加藤氏は大改修を行い、このとき造られた五重の天守はのちの戊辰戦争での被弾にもよく耐えたが、維新後、天守は破却。昭和40年（1965）天守が外観復元されている。

**天守と鉄御門**
（会津若松市教育委員会蔵）
天守と多聞櫓で繋がれた鉄御門。本丸からの撮影。

**本丸御殿・本丸辰巳隅櫓より見る天守**（『国宝史蹟名古屋城』所収）
本丸辰巳櫓から望む天守・小天守と本丸御殿群。御三家の家格にふさわしい威容を誇る。左手前の櫓門は南一の門。昭和 16 年（1941）頃の撮影。昭和 20 年5月の空襲でこれらの国宝建築物は焼失した。

## 名古屋城

築城年／慶長 17 年（1612）
慶応３年の城主／徳川義宜
慶応３年の石高／ 61 万 9500 石
存廃城／存城
所在地／愛知県名古屋市中区本丸

那古野城の跡に、慶長 15 年（1610）徳川家康が西国有力大名らに命じ築造。9 男義直の居城と大坂豊臣方への抑えを兼ねていた。尾張徳川家の城として明治を迎えるが城は存続。戦災によって大小天守、本丸御殿などを焼失するが、複数の隅櫓、門、堀、石垣が現存する。現在の天守は外観復元したもの。

**上空より本丸を望む**
（個人蔵）
本丸を南東上空より撮影したもの。昭和初期の撮影。

**大坂城本丸紀州御殿と模擬天守**（個人蔵）

紀州御殿は和歌山城二の丸御殿の遠侍、白書院、黒書院を、明治19年（1886）大坂城の本丸に移築したもので、桃山様式を伝える壮麗な建築物であった。しかし大戦後の昭和22年（1947）、失火により全焼した。模擬天守は昭和6年、豊臣時代の姿を元に再建されたもので、昭和初期を代表するコンクリート建築として今や貴重な建築物である。

## 大坂城

築城年／寛永6年（1629）
慶応3年の城主／牧野貞明（城代）
慶応3年の石高／幕府直轄
存廃城／存城
所在地／大阪府大阪市中央区

現在見られる大坂城の遺構は、家康の死後、元和6年（1620）から10年近い歳月をかけ豊臣大坂城を完全に埋め立てた上に築かれたものである。秀吉の築城以前には石山本願寺がその地で強大な勢力を誇っており、古くからの水運の要衝とされていた。
徳川時代も幕府の西日本の拠点として重要な位置を占め、大坂城には城代が置かれ、幕府直轄の城であった。
現在立つ模擬天守は昭和5年（1930）から1年をかけて築かれた昭和初期の建築である。江戸期の天守は寛文5年（1665）に落雷により焼失して以後は再建もされず、大坂城は長らく天守のない城であった。
度重なる火災をくぐり抜けた4つの櫓と2つの門の他、金蔵、焔硝蔵などの江戸時代からの現存建築物が重要文化財に指定されている。

## 津山城

築城年／元和２年（1616）
慶応３年の城主／松平慶倫
慶応３年の石高／10万石
存廃城／廃城
所在地／岡山県津山市山下

慶長８年（1603）、織田信長の家臣であった森可成の子・忠政が入封し鶴山を津山と改め、当時の城郭建築技術の粋を集めて築城。五層五階の大天守をはじめ数多くの建築物が壮大な石垣の上に立ち並ぶ堂々たる城で、輪郭式の典型的な平山城であった。五層五階の天守と聞いた幕府が謀反の疑いを抱いたとも伝えられる。
森氏の移封後は越前松平家から宣富が入封し、以降は版籍奉還まで松平家が城主となった。
往時は80近く存在した建物群は、明治７年（1874）の廃城令によりすべて破却されてしまった。

**北西から見た津山城**（津山郷土博物館蔵）
明治初期の撮影。端正な五層五階の層塔式天守を中心に、石垣が鶴山全体を覆うように曲輪を形成し、30 あまりの櫓が並び立つ威容は圧巻である。

# 萩 城

築城年／慶長 13 年（1608）
慶応 3 年の城主／毛利敬親
慶応 3 年の石高／ 36 万 1000 石余
存廃城／廃城
所在地／山口県萩市堀内

関ヶ原の戦い後、領地を大幅に減封された毛利輝元が居城として、海に臨む指月山に築いた城。山麓に平城を築き、指月山を詰の丸とした。
歴代の居城であったが、文久 3 年（1863）毛利敬親が攘夷の決行と列強の反撃に備え、内陸の山口に居城を移したため、以降は萩と山口にそれぞれ藩庁が置かれることとなった。城下の松下村塾は高杉晋作らを輩出し、倒幕の志士たちの故郷でもあった。
城内の建物は明治 7 年（1874）に破却され、現存する建築物は石垣のみである。

**天守南面**（山口県文書館蔵）

明治元年（1868）、二の丸から写された天守。望楼式天守としては末期に築造されたもので、天守１階が石垣から張り出す姿が印象的である。

## 熊本城

築城年／慶長 12 年（1607）
慶応 3 年の城主／細川慶順
慶応 3 年の石高／ 54 万石
存廃城／存城
所在地／熊本県熊本市本丸

室町期から千葉城、のちに隈本城が築かれた地に、豊臣秀吉の命で入封した加藤清正が大規模な城郭を築造、慶長 12 年（1607）に「熊本」と改め、肥後 54 万石の太守の居城となる。加藤氏改易の後は細川氏が入り城域を整備、拡張は天保年間まで続いた。
明治を迎えると熊本鎮台が設置され、多くの建築物が破却された。西南戦争が勃発すると政府軍の前線基地となり、城とその周辺では西郷軍との間で激戦が展開され、火災や水攻めにより城も城下町も大きく破壊された。
その後も多くの建築物群は破却されていったが、宇土櫓他 10 棟の櫓と不開門、長塀が重要文化財に指定され、清正流高石垣とともに往時の姿を伝えているが、平成 28 年（2016）の大地震によりダメージを受けた。

**大天守・小天守**（宮内庁書陵部蔵）
明治 5 年（1872）頃、西南戦争を迎える以前の姿。数奇屋丸から望む。撮影当時は熊本鎮台が置かれていた。

**備前堀から見た飯田丸五階櫓**（長崎大学附属図書館蔵）
高石垣の上に並び立つ飯田丸五階櫓（中央右手）と百間櫓。百間櫓の奥に大天守が姿を見せる。明治７年（1874）の撮影。

**本丸東面**（東京国立博物館蔵）
櫓門（正門）と右手に並ぶ兵具所多聞櫓。明治7年（1874）に焼失する。明治初期の姿。

# 鹿児島城

築城年／慶長9年（1604）
慶応3年の城主／島津茂久（忠義）
慶応3年の石高／77万800石
存廃城／存城
所在地／鹿児島県鹿児島市城山町

築城は島津忠恒で、以後廃藩置県に至るまで島津氏の居城であった。
城山の麓に築かれた居館である平城と、城山を後詰めの城として構成される。80万石級の大名の居城にしては天守も持たず、簡素な作りであった。
明治7年（1874）に下野した西郷隆盛により、敷地内に私学校が設立される。西南戦争の最終局面において、政府軍と西郷軍の間で3週間に及ぶ籠城戦が戦われ、城山は西郷の終焉の地となった。

**本丸正門遠望**（個人蔵）
中央に正門、右手に兵具所多聞櫓、左手端に南東隅櫓が見える。

特別付録

# 日露戦争

## 近代国家日本の興廃をかけた大戦争

幕末維新も遠ざかろうとする20世紀初頭、世界中が事の成り行きを見守った世界史的大事件があった。明治37年に起こった「日露戦争」である。白人優勢のこの時代、ヨーロッパの列強はアジア諸国に権益を求め進出してきた。なかでも満州・朝鮮半島に影響を示すべく南下してきたロシア帝国と、それを阻止しようとした日本との確執はついに戦争へと突き進んだ。

ここでは、日露戦争での日本軍を撮影した従軍写真班の貴重な記録をみる。

戦争の記録はすなわち生死の記録である。兵士がどう戦い、どう生き抜いたか、その日々が克明に甦る。

**大山巌**（国立国会図書館蔵）

［おおやま いわお／ 1842～1916］

西郷隆盛の従弟。文久２年（1862）寺田屋事件にかかわり謹慎を強いられるが、薩英戦争時に復帰。明治２年（1869）渡欧して普仏戦争を観戦。同４年再び渡欧して近代の軍備、戦術の実際を学んで帰国後、陸軍少将となり、日本陸軍の近代化をすすめた。西南戦争では盟友西郷を討つ立場になった。日清戦争当時は第２軍司令官。31年には陸軍最初の元帥となる。日露戦争では満州軍総司令官として古参の将らを束ね、苦戦の末に勝利を得た。

**児玉源太郎**（国立国会図書館蔵）

[こだま　げんたろう／ 1852 ～ 1906]

日露戦争時、旅順203高地を乃木希典らとともに苦戦の末に陥落させたことで知られる。長州徳山藩出身。戊辰戦争に従軍の後、兵学寮に入り、以後陸軍軍人の道を歩む。西南戦争後、陸軍中枢に進み、ドイツ陸軍からメッケル少佐を招聘して軍の近代化を推進した。日清戦争後は台湾総督、陸軍大臣を歴任。日露戦争では、大山巌の下で、総参謀長として乃木希典ほか古参の将を統率して作戦遂行にあたった。日露戦争後、まもなく病没する。

**秋山好古**（国立国会図書館蔵）

[あきやま よしふる／ 1859～1930]

陸軍軍人。秋山真之は実弟。教員を経て、陸軍士官学校に入学し、明治18年（1885）陸軍大学校を卒業。旧松山藩主久松家の当主久松定謨に同行して渡仏して騎兵戦術を学ぶ。日清戦争には騎兵第1大隊長として従軍。戦後は陸軍乗馬学校長に就任し、騎兵科の編成、育成に尽力した。日露戦争には騎兵第1旅団長として同旅団を率いた。大正5年（1916）大将に昇進し、同9年には教育総監となった。「日本騎兵の父」とも呼ばれる。

**山本権兵衛**（国立国会図書館蔵）

[やまもと ごんべえ／1852～1933]

維新後、海軍兵学寮に学ぶ。日清戦争に従軍後、軍務局長。明治31年（1898）には海軍大臣にのぼり、この間に日露戦争が起こるが、閑職にあった東郷平八郎を抜擢して連合艦隊司令長官に任命し、日本海海戦で勝利する僥倖を得た。大正2年（1913）桂内閣の後をうけて首相に就任。しかし、翌年シーメンス事件の発覚によって総辞職に追い込まれた。10年後、再び首相となるが、今度は虎ノ門事件で引責辞任。以後は政界から引退する。

**東郷平八郎**（国立国会図書館蔵）

[とうごう　へいはちろう／ 1847～1934]

日露戦争時の連合艦隊司令長官。「東洋のネルソン」とも呼ばれた。薩摩藩士の出で、薩英戦争、戊辰戦争を戦った。明治 3 年（1870）から英国海軍兵学校に留学。帰国後複数の艦の艦長を経て、呉鎮守府参謀長、常備艦隊司令長官を歴任。海軍大学校長となった日露戦争直前の明治 36 年、海軍大臣山本権兵衛によって連合艦隊司令長官に抜擢される。日本海海戦では大胆な丁字戦法をとり、バルチック艦隊を撃滅。日露戦争後は軍令部長、元帥。

## 乃木希典（国立国会図書館蔵）

[のぎ まれすけ／1849～1912]

戊辰戦争に従軍後、明治4年（1871）少佐。西南戦争では軍旗を奪われる恥辱もうけた。同19年ドイツ留学後に一時退役し、日清戦争で復帰した。その後台湾総督に任官したが、ほどなく辞任。日露戦争で再復帰して、第3軍を指揮して旅順要塞・203高地への3度の総攻撃を行うが、容易に陥落せず、前哨戦から約半年後、厖大な数の将兵を犠牲にした末に占領に至った。大正元年（1912）明治天皇大喪の当日、妻とともに自宅で殉死した。

**乃木とロシア軍司令官の会見**

明治38年（1905）1月5日、水師団営での撮影。中列左から2人目が乃木大将、乃木の右隣がロシア旅順軍司令官ステッセル大将。

（個人蔵）

**金子堅太郎**（国立国会図書館蔵）

[かねこ けんたろう／ 1853～1942]

福岡藩出身の外交官僚。維新直後、藩命で江戸へ遊学の後、明治4年(1871) 岩倉使節団に同行した旧藩主に随行して渡米、ハーバード大学などで学んだ。帰国後元老院に出仕。内閣総理大臣秘書官のとき、伊藤博文に認められ、以後ブレーン的な存在となる。特に帝国憲法の起草にあたっては井上毅、伊東巳代治とともに尽力した。農商務相、法相などを歴任。日露戦争中は渡米して対露講和交渉を有利に導く道を探った。日露戦争後は枢密顧問官。

**黒木為楨**（国立国会図書館蔵）

［くろき　ためもと／ 1844～1923］

薩摩藩士の出。戊辰戦争に出役して功を挙げ、明治4年（1871）歩兵大尉。西南戦争に従軍ののち、日清戦争時には中将にのぼり、第6師団長として作戦を指揮して威海衛を攻略、占領した。同36年大将。日露戦争では第1軍司令官として鴨緑江、遼陽、奉天方面を連戦して対露戦に初勝利をあげ、第1軍の勇猛ぶりを示した。日露戦争後、伯爵に列したが、元帥とはならなかった。陸軍の長州閥のためともいう。退役後は枢密顧問官をつとめた。

**海防艦「金剛」の側砲**
（国立国会図書館蔵）
日清・日露戦争に参戦した金剛型コルベット艦の１番艦。のちに３等海防艦。

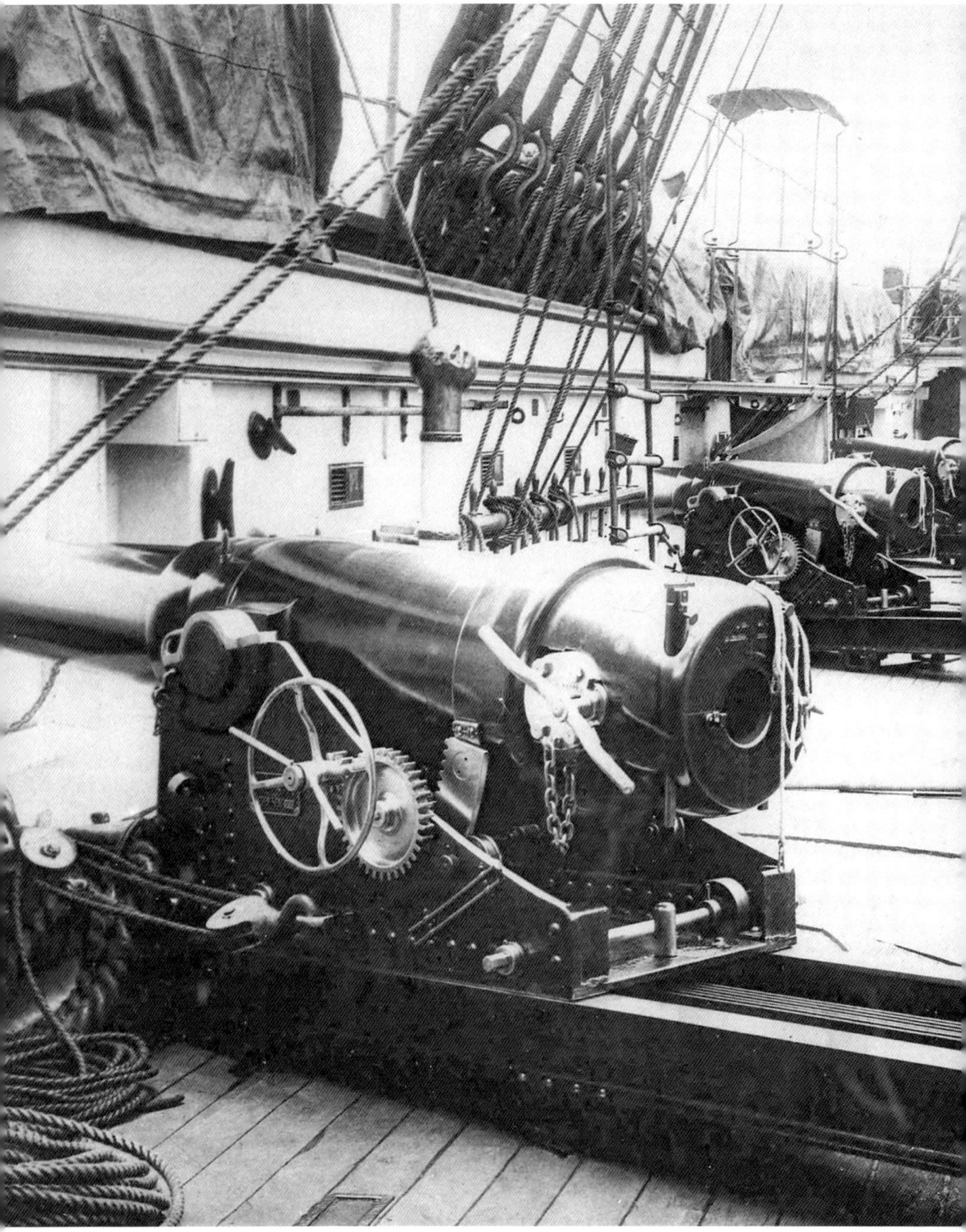

**戦艦「三笠」**
（国立国会図書館蔵）
撮影者：小川一真出版部
撮影地：不詳
連合艦隊の旗艦。当時の戦艦として最高級の設備を有した。

**大破、沈没したロシア艦隊**
（国立国会図書館蔵）
撮影者：小川一真出版部
日本軍の砲撃により旅順港内で大破、沈没しているロシア戦艦。

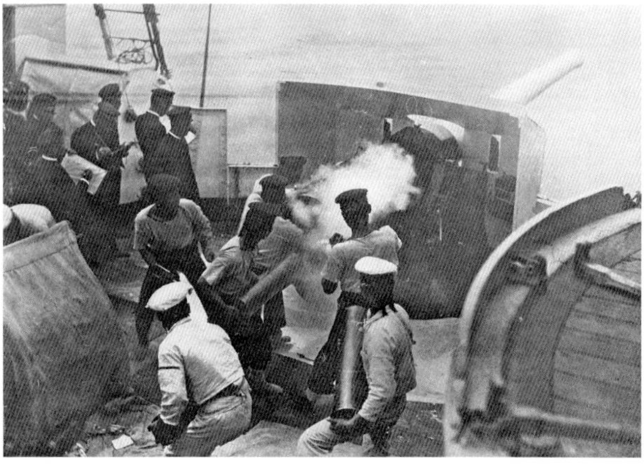

**6インチ速射砲の発射**
（国立国会図書館蔵）
撮影者：小川一真出版部

**1等戦艦「初瀬」**
（国立国会図書館蔵）
撮影者：小川一真出版部
旅順港封鎖作戦中、ロシア軍の機雷に触れ、沈没した。

**三道崗子の戦闘**
（国立国会図書館蔵）
撮影者：小川一真出版部
氷結した土地に塹壕を築き、厳寒に備えた重装備の歩兵34連隊第6中隊の戦闘。

**迎撃態勢の歩兵8連隊**
（国立国会図書館蔵）
撮影者：小川一真出版部
ロシア軍の攻撃に備える兵士たち。

**歩哨戦線**
（国立国会図書館蔵）
撮影者：小川一真出版部
盤龍山西砲台から二龍山付近を封鎖する歩哨戦線。

**前線司令部**（国立国会図書館蔵）
撮影者：小川一真出版部
三道崗子の戦いでの大久保支隊司令部。

**捕虜**（国立国会図書館蔵）
撮影者：小川一真出版部
陶官屯憲兵部前でのロシア軍将校（正面２人）の捕虜との撮影。

**28センチ榴弾砲**（国立国会図書館蔵）
撮影者：小川一真出版部
三角山での 28 センチ榴弾砲の配置。

**28センチ榴弾砲の発射**（国立国会図書館蔵）
撮影者：小川一真出版部
王家甸南西凹地での砲撃。射程距離 7000 メートル。

**28センチ榴弾砲の運搬**（国立国会図書館蔵）
撮影者：小川一真出版部
この巨大な大砲の移動は、大砲を分解して人力で行われた。

**28センチ榴弾砲の据え付け作業**（国立国会図書館蔵）
撮影者：小川一真出版部
据え付け作業には一昼夜の時間を要したといわれる。

**休戦**（個人蔵）
明治38年（1905）3月7日、戦闘による死傷者収容のために休戦となり、しばしの休息を求めて日本軍兵士とロシア軍兵士が記念撮影をした。

**ロシア軍東鶏冠山砲台の爆発**（国立国会図書館蔵）
撮影者：小川一真出版部
ロシアの堡塁を地下から爆破する坑道作戦は大成功をおさめた。

**【監修】**

**高橋則英**（たかはし のりひで）

1978 年、日本大学芸術学部写真学科卒業。日本大学助手、専任講師、助教授を経て、2002 年から日本大学芸術学部教授。専門領域は写真史、画像保存。2000 年より小沢健志元教授の後を継ぎ写真史を講義。技術史にも重点をおき日本初の実用的写真術コロジオン湿板法の実験等も行う。本シリーズの共著として、『レンズが撮らえた　幕末の写真師 上野彦馬の世界』2012 年、『レンズが撮らえた　F・ベアトの幕末』2012 年、『レンズが撮らえた　幕末明治の富士山』2013 年、『レンズが撮らえた　外国人カメラマンの見た 幕末明治Ⅱ』2014 年（以上、山川出版社）などがある。

**【執筆・執筆協力】**（順不同）

塚越俊志（法政大学第二中・高等学校非常勤講師）

服部　崇（歴史研究家）

古藤祐介（歴史研究家）

**【編集協力】** 有限会社リゲル社

**【表紙デザイン】** グラフ（新保恵一郎）

**【校正】** 美濃部苑子

レンズが撮《と》らえた　幕末《ばくまつ》維新《いしん》の日本《にほん》

2017 年 12 月 10 日　第 1 版第 1 刷印刷　2017 年 12 月 20 日　第 1 版第 1 刷発行

監　修　高橋則英《たかはしのりひで》

発行者　野澤伸平

発行所　株式会社 山川出版社

〒101-0047　東京都千代田区内神田 1-13-13

電話　03(3293)8131（営業）　03(3293)1802（編集）

https://www.yamakawa.co.jp/

振替　00120-9-43993

企画・編集　山川図書出版株式会社

印刷所　半七写真印刷工業株式会社

製本所　株式会社 ブロケード


ISBN978-4-634-15126-0